会

聊天的人
都这么聊

【日】五百田达成 著

曹绮婧 译

人民东方出版传媒
People's Oriental Publishing & Media

东方出版社
The Oriental Press

图字：01-2022-0253 号

超雑談力
CHO ZATSUDANRYOKU
Copyright © 2019 by Tatsunari Iota
Illustrations © 2019 by Kotaro Takayanagi
Design © 2019 by tobufune
Original Japanese edition published by Discover 21, Inc., Tokyo, Japan
Simplified Chinese edition is published by arrangement with Discover 21, Inc.
Arranged through Inbooker Cultural Development (Beijing) Co., Ltd.

中文简体字版专有权属东方出版社

图书在版编目（CIP）数据

会聊天的人都这么聊／（日）五百田达成 著；曹绮婧 译. —北京：东方出版社，
2022. 8
ISBN 978-7-5207-2769-3

Ⅰ. ①会… Ⅱ. ①五… ②曹… Ⅲ. ①人际关系学—通俗读物 Ⅳ. ①C912. 11-49

中国版本图书馆 CIP 数据核字（2022）第 071138 号

会聊天的人都这么聊
（HUI LIAOTIAN DE REN DOU ZHEME LIAO）

策 划 人：郭伟玲
产品经理：郭伟玲
作   者：[日] 五百田达成
译   者：曹绮婧
责任编辑：刘越难 郭伟玲
责任审校：赵鹏丽 曾庆全
统   筹：姚 恋 吴玉萍
出   版：东方出版社
发   行：人民东方出版传媒有限公司
地   址：北京市东城区朝阳门内大街 166 号
邮   编：100010
印   刷：北京汇林印务有限公司
版   次：2022 年 8 月第 1 版
印   次：2023 年 6 月第 2 次印刷
开   本：880 毫米×1230 毫米 1/32
印   张：6
字   数：100 千字
书   号：ISBN 978-7-5207-2769-3
定   价：52. 80 元
发行电话：(010) 85924663 85924644 85924641

前　言

和关系微妙的人聊天——第三种对话

你会不会觉得"聊天"其实很难？

- 不知道要说什么。
- 沉默总是很尴尬。
- 总之就是聊不起来、聊不下去。
- 如果对方是第一次见面的人，更是觉得特别紧张。

就算成功说上话了，

- 聊的尽是些场面话，令人疲惫。
- 总是拿捏不准结束对话的时机。
- 想着要照顾对方的感受，反而搞得自己很累。
- 到头来，这段关系也只能作为"说过一次话而已"
的关系，草草收场。

事情往往都会变成这样，对吧？

如果对方是我们了解的人、和我们关系好的人，自然另当别论。

和他们在一起谈笑风生，时间总是过得很快。就算偶尔陷入沉默，也完全不会感觉尴尬。

可是，有时候，我们也需要和一些"关系微妙的人"打交道：

· 和第一次见面的人尴尬地自我介绍。

· 和只见过一两面的人寒暄，不得不点头附和他们的话。

· 在领导或客户高层的面前，不敢聊自己不熟悉的话题。

· 和配偶的父母、亲戚聊家常，一直在"呵呵"赔笑。

· 和孩子同学的家长聊天，被迫听一些无聊的话题。

……

只是想象一下就如坐针毡。

和这些关系微妙的人在一起，又不得不聊点什么，才会让我们不禁感叹"聊天好难"。

事情到底为什么会变成这样？又有什么解决方法呢？

方法当然有了！都交给我吧！

我会在本书分享我的聊天秘诀。

让我先来介绍一下自己。我是本书的作者，五百田达成。

在成为一名交流顾问之前，我曾做过编辑、广告策划，也当过心理咨询师。人生经验成就了我，让现在的我能够成功写书、做演讲。非常感谢你选择了本书。希望本书能帮你解决聊天的烦恼。

下面，让我们回到之前的话题。

和关系微妙的人聊天很难，总是没有想象的顺利，让人烦恼，有压力。

那么，我们究竟何以至此呢？

其实，和关系微妙的人聊天，是不同于一般对话的第三种对话，对此我们却一无所知。

听我细细道来。

对大多数人来说，对话，无非是以下两种情况：

1. 和朋友或其他关系亲近的人，没有顾虑、开开心心地谈天说地。

2. 作为职场人，在工作场合规规矩矩地说明工作。

人们通常只掌握了这两种"普通对话"的模式，却忽视了一个重要的事实——

生活中，其实还存在一种区别于"普通对话"的"第三种对话"，那就是和关系微妙的人聊天。

如前所说，关系微妙的人可以是：
才第一次见面（以后也许还要打交道）又不得不与之聊点什么的人；
领导、客户；
配偶的父母、亲戚；
孩子同学的家长；
......

这些和我们比较陌生或者半熟不熟，关系不太亲密，我们会心存顾虑，但又不能完全拒之于千里之外的人。

和关系微妙的人随便聊点什么，就能在不知不觉间建立良好的关系。看似不经意，却处处暗藏玄机。
第三种对话，恰恰需要这种细腻的观察和独到的智慧。

正因为人们不了解这一点，不以为然地生搬硬套"普通对话"的模式，把"关系微妙的人"当作自己亲密的好友去聊，或是把和对方的聊天演变成一场职场中例行公事的对话，才会觉得"聊天好难"，疲惫且聊不下去，彼此的关系也无法更进一步。

就算某个话题碰巧聊起来了，接下来也不知道聊些什么才好，随时都有冷场、尬聊的危机。

那么，我们应该怎么做呢？

答案很简单，只要对症下药，用适合第三种对话的聊天方法和关系微妙的人去聊天就好。

改善人际关系，从会聊天开始！

"啊——但是，真的有适合'第三种对话'的聊天方法吗？"

"就算有，用起来不麻烦吗？"

你也许会这么想吧？

没关系。

适合"第三种对话"的聊天方法的确存在，而且还十分简单。

只要使用本书总结的几个技巧，聊天就能变顺利。

只需避开本书介绍的反例，复制正例，不可思议的事情就会发生。你会发现，无论对方是令你感觉尴尬的人，还是对你而言重要的人，你都能和他们轻松聊天。

- 天气和新闻的话题并不适合聊天。
- 不能问"你最近怎么样"。
- 只有聊天菜鸟才会费尽心思地去"寻找两个人都感兴趣的话题"。

很多你没听说过的聊天秘诀，本书都会一一介绍。还请你不要惊讶，试着继续读下去。

相信当你读完了这本书，聊天能力就能发生质的飞跃。

没错，只是读了一本书而已，再和关系微妙的人聊天，就能变得很顺利。

本书能带给你以下收获：

- 人际交往会变得轻松，你不会再感到疲惫。
- 能轻松地将对话继续下去，不知不觉就能和人建立友好的关系。
- 能得到重要客户的认可和信赖。
- 能抓住机会再上一个台阶，获得理想的成果。

聊天能力一旦被掌握，就能成为你的人生财富。从今往后，你再也不会为聊天发愁。你不但能轻松地聊天，还能成为更受欢迎的人。

这样是不是很棒？

"前言"就到这里，让我们进入正题吧。

接下来，我就带领大家揭开"聊天"的神秘面纱，告诉大家聊天时什么该做、什么不该做，究竟是什么决定了一个人会聊天还是不会聊天……

下面正式开始分享我的聊天秘诀！

目 录

第1章

7 个基本技巧，让你成为"会聊天的人"

I

第2章

初次见面篇

第3章

和半熟不熟的人聊天/酒桌聊天篇

第4章

职场/商务篇

你是

聊天高手？
菜鸟？

聊天能力自我检测表

统计一下你有几个 A

1 和对方第一次见面时，你会问

A：你的爱好是什么？

B：你喜欢吃什么？

2 被对方夸奖的时候

A：自谦"没有这回事啦。"

B：道谢"谢谢你！"

3 和对方聊天，发现自己和对方有相同的爱好

A：表现得很开心"我也很喜欢这个！"

B："这样呀！"让对方把话说下去。

4 时隔很久见到熟人，你会问

A："最近怎么样？"

B："工作顺利吗？"

5 想要结束对话的时候

A：寻找合适的时机。

B："今天真的谢谢你啦！"然后直接结束对话。

6 想和客户搞好关系

A：约客户一起喝酒。

B：约客户一起吃午餐。

你会怎么聊?

---

7 和领导同乘出租车

A: 谈工作"关于之前的那个项目……"

B: 随便聊聊"您周末都会做点什么?"

---

8 围绕对方喜欢的东西提问

A: 询问对方喜欢的理由(为什么)"为什么喜欢这个啊?"

B: 询问对方喜欢的程度(怎么样)"有多喜欢啊?"

---

9 聊不下去的时候怎么办

A: 专门讲自己的糗事,博对方一笑。

B: 随便再聊些没笑点的话题。

---

10 你会用什么话题作为一段聊天的开头

A: 当下流行的时事话题。

B: 发生在自己身上的小故事。

---

11 问过对方公司的名字之后

A: 展开话题"我有个朋友也在贵公司工作。"

B: 深挖下去"您具体从事什么样的工作呀?"

---

12 和之前见过的人再次见面

A: 牢牢记住之前和对方说过什么。

B: "这件事要是我上次和你说过,就不好意思了。"对之前说过的话毫不在意。

统计方法

从检测表里选出自己平时的做法,统计A的数量。对照下一页,看看你有多会聊天。

聊天

菜鸟

有 10~12 个 A

虽然你一直在努力和人聊天，但就是聊不起来，总是在白费力气。这样的你，只要学习一下聊天的价值和技巧，并付诸实践，就能轻松聊天，也能在更广的场合邂逅更多的人。

聊天

凡人

有 6~9 个 A

虽然面对关系好的人时，你可以来去自如地聊天，但遇到第一次见面的人、比自己级别高的人时，却总是会紧张。这样的你，只要用上一点技巧，就能瞬间减轻人际关系所带来的压力。

达人

有 2~5 个 A

你擅长与人交往，无论对方是谁，都能轻松聊上天。这样的你，如果能再掌握一些暖场的小妙招，或是能给对方留下好印象的小技巧，就能如虎添翼。

高手

有 0~1 个 A

无论在什么场合，你都能轻松掌控局面，和人搞好关系。无论是人脉还是工作、金钱，都是你的囊中之物。这样的你，是聊天高手，边读边对照你的日常行为就好。

第 1 章

7个基本技巧，
让你成为
"会聊天的人"

只要了解了这些，聊天就不再可怕！

基本技巧
01

人类聊天的终极目标是什么？

✔

只是把话接下去

✗

努力说有趣的内容

"聊天的时候不知道该说些什么。"

"总是为了暖场而努力说点什么，但感觉很累。"

你也有过上面的想法吗？

其实，这只是陷入了一种误区。

聊天的目的是什么？

答案是"建立人际关系"。

虽说才第一次见面，但总得聊点什么吧。

想和见第二、三次面的人更进一步发展关系。

和领导一起坐出租车聊聊天，和客户在正式谈生意前破冰。

和配偶的父母时隔很久聊聊近况，和孩子同学的家长有一搭没一搭地"没话找话"。

虽然场景各不相同，但**聊天的目的，都是通过对话消除彼此的戒心，顺利拉近彼此的距离。**

"和第一次见面的人随便聊聊就很投机，便成了好朋友。"

"和看似古板的客户聊了一会儿天，生意就谈成了。"

这些就是通过聊天改善人际关系的典型案例。

反过来说，人和人之间，只要好好聊天，关系就能变好。至于聊天的内容，其实不用过于纠结。

所以，没必要强迫自己说有趣的话，更不要试图总结自己想说的话。其实，这些都是聊天里不该做的事情。

无论是简单明了地告知对方某个结论，还是用严密的逻辑和对方讲道理，一旦这么做了，聊天在一瞬间就结束了。你们的关系也差不多结束了。

不要用"总之"来总结想说的话

人不是机器，人是有感情的。

无论是半苦笑聊着没有笑点的话，还是兜兜转转重复没有结论的话，看似平淡的交流，却能让人沉浸在聊天的氛围里，让人感到安心："我们的关系更进一步了。"

有句话叫"The show must go on."（表演必须继续。）聊天也是这样，只要继续下去就好。重要的不是"内容"，而是"继续"。

为此我们需要做点努力，我会在后文里分享给大家。

"聊天不需要费尽心思地说有趣的话，只要把对话继续下去就好"，这就是我们的第 1 条基本技巧，要时时放在心里。

要点 | 聊天只要把对话继续下去就好。

基本技巧
02

聊什么，才能让彼此更靠近？

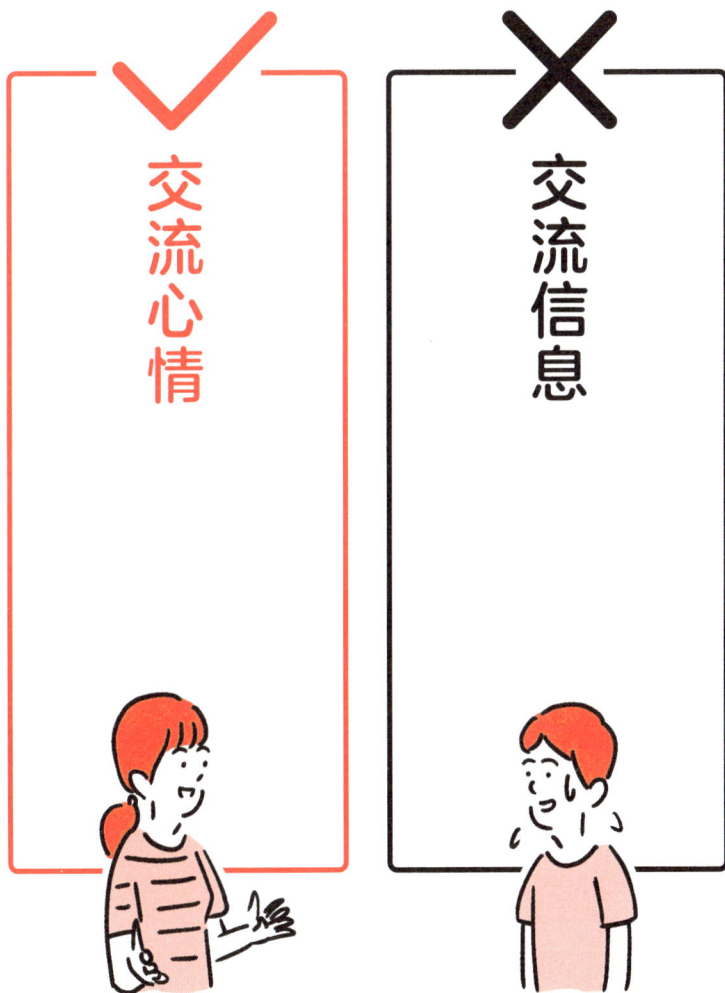

✔

交流心情

✘

交流信息

"在跨行业交流会，和人顺利交流了中国市场的信息，感觉很有意义。"

"从孩子同学的妈妈那里，了解到了附近重点学校的教学方针。"

有些人认为聊天就是要像这样"交流信息"。如果没有在一场聊天中交换有价值的信息，就毫无意义，浪费了时间。

其实，这也是对聊天的误解。

在第 1 条基本技巧里我们说过："聊天聊什么都可以。"其实，聊天也分两类："能让关系变好的聊天"，以及"难以让关系变好的聊天"。

"交流信息"就是"难以让关系变好的聊天"的典型。举个例子，和对方交流共同的兴趣高尔夫。

"最近买到了不错的开球木①。"

"哪里产的？"

"◎◎产的。"

"为什么选了这个？"

"听说用力击球时，球飞起来的感觉会不一样。"

"这样啊，那我也要考虑看看。"

---

① 开球用的高尔夫球杆。

这样的聊天还算常见吧。但是如果这么聊，我们和对方的关系，聊到什么时候都不会变好。对比一下，下面这段聊天又感觉怎么样？

"最近买到了很好的开球木，打球的时候感觉很不错。"

"我懂！有手感的球杆特别重要对吧。"

"选球杆的时候虽然会在一瞬间觉得'就是它了'，买回来后也会用着用着就突然没感觉了。真是让人头疼啊。"

"但也正是因为这种让人头疼的地方，高尔夫才特别有意思吧。"

"就是说啊，让人欲罢不能啊。"

这样的对话，其实没包含太丰富的信息。

然而，两个人对高尔夫的喜爱却溢于言表，感觉下面就要说到"下次要一起打一轮吗"。

交流彼此的心情，两个人的心就会更接近

为什么上面这种聊天才让人感觉更舒服？

因为两个人交流的并不是信息，而是感情。

"感觉很不错""手感很好""让人头疼""特别有意思""欲罢不能"……

聊天的时候，交流彼此的喜怒哀乐，两个人的关系才会越变越好。

再强调一遍，人是有感情的，聊天就该交流彼此的感情。如果想和对方建立一段更加亲近的关系，该和对方分享的不是查了就知道的冰冷信息，而是自己的鲜活情感。

聊的不是"信息"，而是"感情"。这是我们的第 2 个基本技巧。

要点 **交流彼此的心情，关系就会变好。**

基本技巧

03

破冰话题，如何拿捏？

✓

聊自己的趣事或经历

✗

聊流行的话题或新闻

"今天早上我在新闻里看到了这个。"

"最近〇〇好像很流行。"

你也爱用新闻或流行的话题开启一段聊天吗？聊天的开头，想说一些大家都知道的事也是自然的。

但是，为了提高我们的聊天能力，最好避开这种做法。

让我们回顾一下第 2 个基本技巧——"要聊的不是信息，而是感情"。如果我们把新闻或流行话题当成开场破冰话题，我们的对话就容易浮于表面，难以涉及彼此真实的情感。

"听说这次的台风很严重，全国很多地方都受灾了。"

"我也听说了，真是太糟了。"

"……"

"……"

这种明明是谁都知道的新闻，但不知为何，就是聊不起来。

就算我们在这里勉强加上"有关部门的回应真是让人生气""希望大家能重视起天灾啊"这种表达自己心情的话，这段聊天感觉也还是不太好。

使用拟声拟态词，讲自己的小故事

那么，我们要选择什么样的话题，才能顺利表达自己的情感呢？

答案很简单——"聊自己的趣事或经历"。

"这次的台风，风呼呼地刮，晚上根本睡不着觉。"

"哎呀，这也太让人难受了。"

"我之前一直觉得我家楼挺结实的，但这次刮台风，我也是战战兢兢的。"

"我家也是第一次准备了防灾避难包呢。防灾意识都和以前完全不一样了。"

像这样，用亲身经历串联起台风的话题，话题和我们之间的距离就一下子缩短了。

这样一来，就能用"我之前一直觉得""防灾意识都和以前完全不一样了"，"明明白白"表达自己的情感了。

让对方"明明白白"地感受到我们的情感，其实也是个要点。**用"呼呼""战战兢兢"这种拟声拟态词，我们的聊天就会显得更生动、更有效果。**

不用特地讲些夸张的故事或搞笑的经历，聊些稀松平常的事就很好。

　　只要聊的是我们实际经历过的事，再和对方讲讲我们的亲身感受，我们和对方的关系就会肉眼可见地变好。

　　比起新闻或流行话题，还是应该聊聊自己的故事。这就是第 3 个基本技巧。

要点	聊亲身经历，更容易传递情感，拉近彼此的距离。

基本技巧

04

如何倾听，
让对方放下心中戒备？

✓

肯定对方，进行
共鸣

✗

否定对方，提出
建议

前 3 个基本技巧都是在讲"如何说话"，下面这条和你分享"如何倾听"。

聊天是两个人为了建立人际关系的共同作业。所以，就算我们已经充分表达了自己的情感，也还是不够。**我们还要好好听别人说话。**比起表达，很多人更不擅长倾听。

要怎么听别人说话才好？**这就要用到我们之前分享的技巧：不去强行总结；只是将聊天进行下去；让对方表达他们的心情。**表达或许很简单，倾听却有点难。举个例子，下面这段聊天感觉怎么样？

"最近天变冷了呢。"

"但是下周好像挺暖和的。(①)"

"啊，这样吗……我因为降温都感冒了呢。"

"你有好好洗手、好好漱口吗？多注意一下比较好哦。(②)"

①**就算心里没那个意思，也是在否定、改正对方的话。**

②**自以为出于好心，给对方提建议。**

这两个例子，就是属于糟糕的倾听方式。

如果聊天的对象是我们亲近的人，可能还说得过去，可如果对方是和我们关系微妙的人，这种做法只会让人家扫兴。

就算我们和对方意见不同，觉得对方说的不对，睁一只眼闭一只眼把话接下去才叫智慧。

人在被肯定后才会敞开心扉

"最近天变冷了呢。"

"是啊，早晚明显降温了。(①)"

"我因为降温都感冒了呢。"

"啊，那你也太不容易了。(②)"

"就是啊。在发表 PPT 之前生病搞得我焦头烂额的。(③)"

像这样，对对方的话①肯定到底，②进行共鸣，就能产生更积极的效果——③对方会更愿意和我们分享他们的心情。

人在被持续肯定后，就会不由自主地想表达自己的心情。

但不得不说，有些时候就算我们能做到好好倾听，对方也可能不会好好说话。这时，我们一定不能急躁，不要否定对方的话，不要提建议。

如此一来，对方也会平静下来，开始对我们敞开心扉。

听对方说话，要肯定对方，和对方共鸣。

这就是我们的第 4 个基本技巧。

要
点

不要否定对方，不要给对方提建议。

基本技巧

05

如何回应，让聊天更顺畅？

✓ 作夸张的反应，和对方一起享受聊天

✗ 用疑问或附和，引出对方接下来要说的话

第 4 个基本技巧是关于倾听的方法。

但这不是要我们从头到尾都当好一个倾听者，好好听别人说话的意思。

"听别人一直说，听都听累了。"

"就算我抛个话题过去，对方也不肯接。"

如果我们开始这么想，就不该再接着聊天了。

毕竟，聊天讲究的是轻松和自然。让人觉得"费劲""麻烦"的聊天，只会起副作用。

我们还是应该把聊天想得轻松些。回忆一下第 1 个基本技巧"把聊天继续下去就好"。

我们大可不必为了让对方更方便说话，就绞尽脑汁地去提问，或者小心翼翼地去附和对方。

不用给自己"我要当一名好的倾听者啊"这种思想压力。我们正因为扛着心理包袱，才会觉得"聊天好难"。

说到底，只是聊天而已，放轻松就好。

听对方说话，作出反应就很好

在听别人说话的时候，什么都不用做吗？

让我们在第 4 个基本技巧"肯定对方，进行共鸣"上再加上一条——我们要经常对对方说的话作出反应。

与其纠结如何附和对方，如何提出巧妙的问题，还不如做一些"夸张"的反应。

鼓掌、变化表情、笑出声来……做些这样的反应，就能向对方传达"我在好好听你说话呢"。

我们一直说聊天是"情感的交流"，所以，有些东西不用语言表达也可以。如果我们能做到用动作或表情传递情感，也已经是在和对方聊天了。对方也会感到安心，我们的对话也能继续。

而且，夸张的反应，也是对自己的心理暗示。

就算这段聊天真的很无聊，没完没了，做些夸张的反应就能欺骗自己的大脑，暗示自己很开心。

这样一来，聊天就真能成为一件开心事。我们也能和对方越聊越投机，关系越来越好。

聊天不是一个人感觉开心就好。所以，我们真的没必要感到压力。毕竟"'天'聊得好不好"，对方也要承担一半责任哦。

为了不感到疲惫和拘束，我们需要稍微"偷个懒"。这就是第 5 个基本技巧。

> **要点**　比起努力附和，更该努力作出反应。

聊不下去，
如何拯救社死现场？

✓

聊不下去，聊回『和自己相关的话题』

✗

聊不下去，立刻寻找『其他话题』

　　看过之前的 5 个基本技巧，聊天的大致感觉，想必大家已经能够正确把握了。

　　那万一没聊下去，又该怎么办？对话中断了，要怎么做才好？

　　沉默很尴尬，就赶紧找各种话题"救场"，但感觉特别累。

　　一直只聊场面话，让人觉得不舒服。

　　因为害怕沉默而找来各种各样的话题，却都是白费力气，聊上一两句，两个人又重新回到沉默状态……如此一来，聊天亮起了红灯，我们该怎么应对？

聊天要慢聊、细聊

　　确实，聊下去很重要。但是，聊天中断的时候，我们不能匆忙开启其他话题。

　　肤浅的话题一个接一个，虽然草草填补了沉默，却让人完全无法交流彼此的感情。这种时候，我们应该先放缓对话的节奏。不要害怕一时的沉默，先放低声调，慢慢说话。

　　之后，再回归"初心"，说些和自己相关的、和心情相关的事。

　　　　"奥运会快到了呢！"

"不知道能不能顺利举办啊！"

"消费税可真让人头疼。"

"我也这么觉得。"

"……（对话中断了）"

"……（沉默好尴尬）"

"唉，昨天我家狗生病了。"

"啊，你在养狗吗？"

"是啊，虽然已经上了年纪，是只老狗了。"

"真好呀。其实我也很想养狗。"

新闻、时事话题和我们日常生活有一定距离，才会聊一下就无话可聊。聊不起来，沉默也会继续。

反过来说，如果是聊我们身边的话题，就算对话中断了，也能立刻"起死回生"。只要聊的是我们经历过的、思考过的事，就永远有话可聊。

万一陷入了沉默，就聊聊身边的趣事，说说自己的心情吧。这就是能让聊天化险为夷的第 6 个基本技巧。

> **要点** **沉默，意味着话题离我们太远了。应该聊回身边的话题。**

基本技巧
07

聊天聊到几分饱，才高明？

✔ 在刚刚好的节点结束聊天

✗ 不管时间，一直聊下去

在第 6 个基本技巧里，我们分享了聊天中断时的应对方法。那如果是相反的情况，我们又该怎么做？也就是**预料之外，聊天没完没了，停不下来的时候。**

"和领导聊天，不知道该在什么时候结束才合适。"

"被人露骨地打探了个人隐私，想赶紧结束对话。"

"被人顺势邀请去打高尔夫，但其实并不想去。"

的确，聊天的目的是建立人际关系。

但这并不意味着和谁都要建立亲密无间的关系。有时候，我们也会想和人保持一点适当的距离。

说到这里，也就需要用到我们的第 7 个基本技巧了。

聊到"八分饱"，才是聊天的舒适状态

在一起聊着聊不完的话题，我们会感到安心，也会越来越信任对方。

我们说聊天，是人际关系的"入口"，但也仅仅是个入口。

很多时候，对方只是一个聊天的对象，既不是我们的父母，也不是我们的伴侣。就算是领导或是客户，工作内容也会在职场中讲，没必要在闲暇聊天的时候聊得那么深。

说到底也只是在聊天而已，不用给自己太大压力。

为了把人际关系保持在一个适当的距离里，思考"在什么时机结束聊天才合适"，就显得特别重要了。这样一来，人际关系带给我们的压力也会小很多。

结束聊天的正确方法，是反向运用聊天的技巧：尽可能不聊自己的心情；减少自己的反应；总结一下想说的话，然后离开现场。举个例子，就是下面这种感觉。

"听说你们公司现在很难呀？"

"哎呀，怎么说呢。（否定）"

"啊？工作氛围其实很折磨人吧？"

"我没听到有人这么说啊。（不聊自己的心情）"

"不是听说老总和副总关系不好吗？"

"哎呀，就算是普通的打工人也会有很多不容易啊。（总结）"

"啊，嗯，话是这么说没错啦。"

"今天辛苦啦！那我就先走啦。"

像这样，让聊天逐渐降温，最后说声"辛苦了"再离开，就不会给人留下没礼貌的印象，也能顺利结束聊天了。

通过反向运用聊天的技巧，就能让人挑不出毛病地圆满结束聊天了。

这就是第 7 个，也是最后一个聊天的基本技巧。

能够圆满结束聊天，也是会聊天的一种表现。

第 2 章

初次见面篇

不再紧张。不再狼狈。

01

如何打招呼，
能给人留下好印象？

✓

聊天

说『你好』，开始

✗

聊天

说客套话，开始

"咱们是第一次见吧？我是●●公司的○○。"

"你好，我是▲▲。啊，咱们之前见过一次的吧?"

"哎呀，好久不见了!"

想和第一次见面的人聊会儿天，你是不是也会像上面这样，无意间就开始说客套话？这也是一个反例。

聊天，讲究的是在对话的你来我往之中，让对方放松。所以，最好也要用一个轻松的开头。

千万不能套用那些死板的商务礼仪，一边掏名片，一边慢吞吞地说话。那我们应该怎么做呢?

正确答案是"打招呼"。

"你好！咱们是第一次见吧？我是●●公司的○○。"

"你好！咱们之前见过一次的吧?"

"你好！好久不见了!"

像这样，无论对方是初次见面的人，还是之前见过的人，一开始用"你好"来打招呼，就能瞬间点燃现场的气氛。

用"咱们聊会儿天吧"开启一段聊天也很棒。就像体育比赛开始前，也要有一个比赛开始的信号。

同样是打招呼，用"谢谢您的照顾""您辛苦了"就会显得有些太商务了。如果单纯想和对方聊聊天，不包含什么其他的意思，用"你好"这个打招呼的方式是最合适的。

多报几遍自己的名字

在"你好"之后报上自己的名字"我是○○",也是一个重要的技巧。因为对方通常都不会记得我们的名字和脸。

无论是第一次见面,还是第二次、第三次,都可以用"你好!我是●●公司的○○"这样的方式报上自己的名字。这就是开始一段聊天的最优方法。

就算换来对方的苦笑"说什么呢,我当然记得你的名字啊"也没关系。没人会讨厌打招呼时报上自己名字的人。

而且,如果我们这边先报了名字,对方也会顺势报上他们的名字,我们也能顺便确认一下对方的名字了。这一点也非常让人安心。

同样,"把也许已经递过的名片再递一遍",也是一个好用的技巧。随便编个"部门变了""公司换地址了"之类的理由把名片递出去,对方也会递回他们的名片,我们也就能再确认一遍对方的名字和脸了。

就算是在宴会之类的场合,这个小技巧也非常管用。

要点 | 用"你好"开始的聊天,会让人感觉很舒服。

02

交换姓名后，如何避免冷场？

✓

询问对方名字的来历

✗

用『我有个朋友和你同名』这种话题来暖场

第一次问到对方的名字，是个暖场的绝佳机会。千万不能呆若木鸡、充耳不闻，要积极发散更多的话题才行。

这种时候错误的做法是，"条件反射地开始聊重名的朋友"。 如果不是特别少见的名字，或是我们的朋友正好是对方的亲戚，用朋友的话题暖场，其实非常困难。

"啊，我有个朋友和你同名。"

"是吗？想不到我的名字还挺常见的。"

"哎呀，我上学的时候和他关系特别好。"

"这样啊。那挺好的。"

话说到这里，就不知道对话还要怎么展开了。这样的聊天，只会让两个人都尴尬。所以，我们还是要避开这种情况。

那要怎么做才好呢？

人有历史，名字也有来历

想用名字的话题打开话匣子的时候，推荐大家"询问名字的来历"。

"您这个姓可真少见。您家是哪里的?"

"虽然我是东京人，但我爸爸是冈山的。据说在冈山，我的姓还挺常见的。"

像这样，通过聊姓氏，聊到了对方的老家，就很容易和对方熟悉起来。

就算对方是佐藤、田中、高桥这类随处可见的姓氏，也不用早早放弃这个话题，我们可以试着深挖一下名字背后的故事。

"秀树这个名字可真不错。"

"其实我妈是西城秀树的粉丝，听说当年她可是顶住了老一辈的反对，才给我取了这个名字。"

"你的名字要怎么读啊？"

"写作卓，读'takashi'。"

"这个读法还挺少见的吧。"

"经常被人读错成'taku'或是'suguru'。我父母说，他们当时希望用一个八画三音节的字给我当名字。"

关于名字的小故事不仅越说越有意思，还藏着对方的原创故事，是只属于这个人的特别话题。

聊聊名字的来历，两个人的距离便自然会拉近。

要点	**聊聊对方的名字，就能在不知不觉间走进对方的世界。**

03

関于爱好，
怎么聊显得情商高？

✓

问『你最近对什么东西感兴趣？』

✗

问『你有什么爱好？』

和初次见面的人聊天，基本都会聊到"你有什么爱好"。

爱好是了解对方的线索。通过聊爱好很可能找到两个人都感兴趣的话题。**"你有什么爱好"，看起来是个很适合聊天的问题，实际上难度系数却很高。**

想通过聊爱好和对方熟悉起来，这个想法并没错。

但是，如果刻意询问对方"你的爱好是什么"，对方难免会"胡思乱想"："喜欢到什么程度才算'爱好'呢""我好像也没什么能自豪地称作'爱好'的东西……"

在这里我们也**只需稍稍变化一下提问的方法，就很容易和对方聊起来。**

推荐大家这样问："最近有对什么东西感兴趣吗?"如果问对方的"爱好"，对方可能会心存这样那样的顾虑，但如果我们把"爱好"改成"感兴趣的东西"，对方就会坦诚地说出他们喜欢的东西，或是关心的领域。这样一来，不仅我们的提问更加具体了，**对方也能不用顾忌别人对自己爱好的评价。**

举例来说，被朋友邀请一年去一次远足；偶尔听听黑胶唱片；闲逛，去杂货店随便看看。

日常生活里，我们"喜欢的东西""享受的每一个'当下'"，都能成为"你最近对什么东西感兴趣"的答案。

真正的爱好可以不提

相反，如果被对方问到"你有什么爱好"，我们又该怎么回答？

毕竟才第一次见面，有时候，我们也不太愿意和对方敞开心扉。"哎呀，你的爱好真奇怪！"万一对方作出这类"神经大条"的反应，反而会让我们感觉很不愉快。

在这里，我们没必要掏心掏肺地说出"真正的爱好"。

因为，这个问题并不是真的在问我们的爱好。对方不是真想知道我们的爱好才提问的，不过是想找个聊天的话题。因此，我们回答得随便一点，完全没问题。

就像刚才提到的，可以说一个我们最近感兴趣的事，如果一时之间想不起来，就说说我们上周末做过的事，或是这周末的计划。

"倒也谈不上是爱好，我上周末兜风去箱根了。"

"倒也不是经常去，我下周打算去看足球比赛。"

前一个回答可以扩展到聊"箱根"、聊"兜风"，后一个回答也能引出"足球"和"观看体育比赛"的话题。很明显，比起个人爱好，展开这种话题，反而更容易和对方聊起来。

对方问的问题，不正面回答也可以。

如果把聊天比作打棒球，既然球已经飞到了我们这里，我们就应该先把球打回给对方，让对话继续下去才行。

要点 ┃ **被问到爱好，就说说上周末和这周末的安排。**

04

初次见面，
聊什么能化解尴尬？

✔

寻找共同的爱好

✘

寻找共同的熟人

和初次见面的人没话找话聊，我们通常会找找看两个人共同的熟人，这种情况还算常见吧？

"您住在哪儿啊？"

"我住在●●市。"

"哎呀，真的吗！我以前有个朋友也住在那儿！"

"是吗……"

"啊，不过就算我说了您也不认识吧。那您在哪里工作啊？"

"▲▲公司。"

"这样啊！我大学同研究室的学长在贵公司销售部工作。他叫高桥，您认识吗？"

"不认识。"

"毕竟贵公司是家大公司……"

"嗯……"

像这样迫切开始寻找和对方的共同点，最后却常常扑了个空，白忙一场。

就算成功找到了共同点，也会发展成下面的物景：

"是高中和大学都在橄榄球社团的那个高桥吗？"

"没错，就是他。好怀念啊，他还好吗？"

"前阵子他当上营业部的领导了。最近好像孩子也出生了。"

"真是可喜可贺啊。"

"听说因为孩子出生，他在东京买了独栋的房子。"

"可真厉害。是什么样的房子呀？"

"听说特别豪华。"

虽然的确在和和气气地聊天，但总觉得和对方之间有一堵无形的墙，让我们就算再努力想要靠近对方，也是白忙一场。

这是为什么呢？

因为两个人一直只顾着聊高桥，完全没聊彼此的事情。

表面看似聊得投机，却无法实际拉近和对方的距离。

不聊别人，要聊彼此

就算存在共同的熟人，熟人和我们也没有太大的关系。虽然也可以把熟人的话题当成聊天的"前菜"，但需要在适当的时候，切换成与彼此有关的话题。

举个例子，可以先用"我有个朋友是橄榄球社团的"这个话题暖个场，然后再问"你平时会看橄榄球比赛吗"，试着切换成观看体育比赛的话题。

从"最近他家孩子好像出生了"的话题，扩展到"您有孩子吗""我侄子最近开始学空手道了"这种话题。

用对话里出现过的关键词当提示，再切换成关于彼此的话题，才是聊天高手的正确做法。

要点	**就算一直聊共同的熟人，两个人的关系也不会拉近。**

05

什么样的话题，
让彼此迅速破冰？

✓

向对方请教我们
不知道的事

✗

聊彼此都知道的
事情

"您会看看足球之类的吗?"

"我不看的……哎呀,这个咖啡真好喝啊。"

"其实我不怎么喜欢咖啡的……嗯,您是哪里人?"

"我是神奈川人。"

"啊,这样啊,我是滋贺人。"

"这样呀。"

这是一段和不怎么认识的人之间的对话。因为想找到两人的共同点,就不停地向对方抛出新的话题,共同点却怎么找都找不到,实在尴尬……方寸已乱。

其实,聊天,"有共同点"并没有那么重要。

举个例子,对方喜欢制作模型,我们却对模型一窍不通。

但是,我们用不着打退堂鼓,这正是和对方熟悉起来的大好机会。

"其实我很喜欢制作模型。"

"是吗? 我对模型完全不懂,如果提的问题有点傻,你可别介意。你以前就喜欢制作模型吗?"

"我从小学的时候就喜欢了。"

"居然这么久了! 那你现在也经常做模型吗?"

"是呀。我把周末的时间都花在上面了。"

"哇！那真是非常喜欢了。那你这周末也要做模型吗？"

"是的呀。其实下个月有个重要的活动……"

就算我们一开始直说了自己"完全不懂"模型，但只要坦诚提问，对方就会逐渐打开话匣子。

用"过去""现在""将来"提问

遇到我们不了解的事情时，一个简单的提问技巧，就能让话题更充实。

就是用"过去""现在""将来"提问。

①过去 "你以前就喜欢制作模型吗？""从什么时候开始喜欢的？"

②现在 "现在也经常做模型吗？""最近有什么推荐吗？"

③将来 "那这周末也要做模型吗？""有什么下次想去的地方吗？"

像这样按时间顺序提问，话题就能逐渐展开了。

在聊天的开头最适合询问①过去。询问②现在可以拉近彼此的距离。询问③未来能顺利切换到下一个话题。

今后，如果对方再抛来陌生的话题，我们也不会感觉头疼，反而会暗自庆幸，然后让对方教我们各种各样的事情。

要点　对于我们不知道的事情，向对方请教就好。如此一来，就能和对方聊起来。

06

如果你们碰巧有相同的兴趣爱好，该如何表达？

✔

静观其变，让对方说出想说的话

✘

立刻向对方表现『我也喜欢』

"我喜欢参加户外音乐节。"

"真的吗？我也经常去。"

"啊，这样啊，嗯……"

"我最近去了○○和●●。哎呀，气氛别提有多好了！"

我们可能会觉得找到了彼此都感兴趣的话题，于是心中窃喜，激动地向对方表示"我也很喜欢"，情不自禁地和对方滔滔不绝地说起自己的事。和初次见面的人聊天更容易陷入这种"自我陶醉"。其实，这一做法在聊天中十分不可取。

因为，从结果上看，这么做是抢了对方的话。

在对方看来，本来是想说说自己参加户外音乐节的经历，不知不觉间竟变成了其他的话题。无论是谁，自己想说的话被别人抢了，都不会觉得开心。

聪明的做法是，就算找到了彼此都感兴趣的话题，我们也需要"按兵不动"。

"你是什么时候开始喜欢去音乐节的？"

"音乐节真的挺不错的。夏天的音乐节人最多吗？"

像这样继续向对方提问，让对方把话说下去，才是聊天中明智的做法。

经常把"你怎么样"记在心上

好不容易才找到共同话题，想说说自己的事也是人之常情。

如果从头到尾只听对方说话，不禁会产生"啊，好想和对方讲讲自己的事呀""我也有话想说"这种焦躁不安的情绪。这就不是一个适合聊天的心态了。

有的人干脆就装作一副不了解的样子一直听对方说，等对方都说完了再坦白"其实我也很喜欢"，那样对方想必会非常惊讶。

所以，在这里，我们要用"哎呀，我也是！＋然后呢，然后呢"这种聊天模式。

这样，既能向对方传达我们也感兴趣，又能让对方继续掌握对话的主导权。

等对方把话说完了，应该也会说："不好意思，我光顾着自己说了。说起来你喜欢哪个歌手啊?"

像这样把聊天的棒球打还给我们。

这一点，在我们先说了自己的事情时也同样适用。"你怎么样"，一定要记得像这样把话筒递给对方才行。

聊天是需要两个人共同完成的事。

避免让一个人一直说，另一个人一直听，才是高情商的聊天。

要点　对方提起的话题是属于对方的，我们不能"顺手牵羊"，抢了别人的话筒。

07

聊到彼此喜欢的事物，
是否要刹车？

✓ 表达『喜爱』

✗ 陈述『意见』

　　本是无关痛痒的聊天，不知不觉间竟变成了争论。你是不
是也有过这样的经历？

　　　　"前阵子我第一次去吃了拉面 Z 郎。"

　　　　"虽说 Z 郎挺有人气的，但是深究拉面的味道，还是
挺一般的吧。"

　　　　"不，我倒是不这么觉得……"

　　　　"不是吧，拉面还是清爽一点的酱油味好吃啊。"

　　　　"也不能说得这么绝对吧。"

　　　　"不不，说起拉面……"

　　　　"……（已经不想再说话了）"

　　"就不该提什么拉面"，你不禁开始后悔。说起来，明明
只是在聊天，对方却抓着你的一句话就不依不饶，硬是用拉面
的大道理来挑衅你。这种固执己见，一心想着说服对方的做
法，我们也要敬而远之。

　　在聊天里和对方交流的，不应该是黑白分明的意见，而应
该是彼此的喜好。

　　　　"前阵子我第一次去吃了拉面 Z 郎。"

　　　　"啊，你喜欢重口味的拉面吗？"

"虽然平时不怎么吃，但当时特别想吃。"

"我懂我懂。酱油拉面也挺好吃的。"

"嗯，酱油味也挺不错的。"

像这样，轻轻松松讨论彼此的喜好，才是聊天该有的姿态。

关于喜好的话题是不存在正确答案的。不存在正确答案，就无法决出胜负。因此，没必要"杀气腾腾"的。

必聊话题：对食物的喜恶

下面和大家分享一个我也会经常用到的小技巧——聊对食物的喜恶。一般来说，讨论对食物的喜恶，既不会伤害对方，又能体现彼此的个性。

"我讨厌胡萝卜！""我讨厌黄瓜！"就像是小朋友挑食一样。即使是初次见面的人，只要聊到食物的喜恶，也能立刻拉近彼此的距离。(也要注意对方其实是食物过敏的少数情况。)

令人头痛的是，有时就算我们做好了自己，但对方就是喜欢争论，教育人。

说起拉面的话题，这个人就要提醒我们"拉面热量太高了"。说自己不喜欢胡萝卜，就要教育我们"挑食对身体不好"。碰到这类无论说什么都喜欢反驳别人，拼命想要压别人一头的人时，我们应该怎么做呢？机智的做法是"走为上计"。

　　"嗯，你说得对，学习了。"

　　"学习了！谢谢你！"

　　"的确是你说的这样呢。不好意思啊。"

　　说些感谢对方的话，然后尽可能快地逃离现场。

要点 ┃ **聊彼此的喜好，避免对他人的喜好评头论足。**

08

聊天的"天平"，该偏向何方？

✓ 也说点自己的事情，再聊回到对方的话题

✗ 刨根问底，让对方从头说到尾

一般说来，聊天的时候，我们要创造环境，让对方能舒服地说出想说的话，但也要注意把握好"度"。

如果对自己的事情绝口不提，一门心思追着对方发问，反而会让对方感觉很不舒服。

"从头到尾都是我在说，真尴尬。""像是在被人打探心底的想法，感觉好累。"万一让对方产生了这样的想法，可就和我们初衷背道而驰了。

如果是在津津有味地听对方讲话，就一定会在不经意间透露自己的事情。在聊天里，适当聊聊自己的事情，才显得自然。**在意识到"我好像光听对方说了"的时候，应该聊聊自己的事情，再立刻把聊天的接力棒交给对方。**

> "河口湖附近有个露营的场地很不错。"
>
> "河口湖那边的环境真的挺好的（和对方共鸣）。我只在兜风的时候去过（说说自己的事），露营好像也挺有意思的（回到对方的话题）。你以前就经常去露营吗？"
>
> "是啊。第一次去的时候我还是个学生呢。"

在对方说出"河口湖"这个词的时候，我们想起了之前去河口湖兜风的经历，可以顺便告诉对方。不过可不能就这么顺势开始聊起了兜风，要用"露营好像也挺有意思的"聊回对方之前的话题。这样才能保持聊天的平衡。

除此之外，还可以尝试这么聊："我也经常这么干（说说自己的事）"；"您刚说的是不是这么一回事啊（回到对方的话题）"；"我最近是这么觉得（说说自己的事），您也这么想吗（回到对方的话题）"。

用"和你聊天可真开心"，给聊天降温

有的时候，对方不管不顾地大聊特聊，聊到激动的地方根本刹不住车……遇上这样的情况，我们又该怎么办呢？

对方就是不肯把聊天的接力棒传给我们。一直听都听累了……为了防止这种情况发生，我们也需要掌握让聊天降温的小技巧。

"哎呀，和你聊天真是太有意思了！不知不觉都这个时间了。"

"和你聊得真开心。"

像这样，积极地回顾一下之前的聊天。

之后对方也会回过神来，把聊天的接力棒传给我们了。我们也可以在这个时候，"今天真开心。咱们下次再接着聊！"像这样，给聊天画上句号。

想要结束对话的时候，比起"啊，我差不多该走了……"这种委婉的拒绝，用上面的方法更干脆，也更能给人留下好印象。

要点 | 自己的话题占三成，对方的话题占七成，才是聊天的最佳平衡。

09

聊天时，如何管理
无处安放的双手？

✓

边聊天边比画

✗

不知道该把手放
哪儿，就索性抱臂

内心紧张，不知道该把手放哪儿的时候，我们总会在不知不觉间抱臂。其实，抱臂会妨碍我们聊天，是聊天里最应该避免的姿势。

抱臂作为一种"防御"的信号，是在向对方传达"别再靠近我了"的意思。

另外，抱臂也会阻碍我们的身体做动作。就像是听人讲话时却面无表情，讲话的人一定会觉得很尴尬。

那么，怎么做才是对的？

一定不能抱臂，再有意识地用手做些动作。

比如，聊到"永田町大概在那边吧"，就索性用右手指一下斜上方。说到"之前吃的汉堡，大概这么大"，就用双手比画一下大小。

如果对方笑我们"动作太夸张啦"，我们也算成功拉近了和对方的距离。

此外，还要注意我们的视线。

我们应该在聊天的时候看向对方的嘴。

不看对方的眼睛，要看对方的嘴

有人说，说话的时候不看对方的眼睛，对方会感觉不安，觉得我们"有点不可信"。虽说如此,学欧美人一样直视对方的眼睛讲话,可能也会让对方感觉不舒服。

在这里,推荐大家一个更适合亚洲人的小技巧——看对方的嘴说话。这样就既能恰到好处地迎上对方的视线,又不会让对方感觉紧张了。

"聊天的时候能移开视线吗",这个问题有点难。

我在聊天时会时不时移开视线。比起一直紧紧盯着对方,时不时喘口气更能让人感觉放松。

不过这一点也是因人而异。只要能避开抱臂的做法,其实就不用太纠结把视线放在哪里。

"我的眼睛该看哪儿呢?""不能抱臂,不能抱臂",如果考虑得太多,反而会让对方感觉到我们很紧张,那就不如选个能让自己感觉放松的聊天方式,在放松的状态下才更容易和对方聊起来。

话虽如此,生活中也不免出现需要我们故意"抱臂"的场景。

比如,想让对方离我们远一点的时候,我们就可以这么做。如果对方肆意入侵了我们的私人领域,我们就完全可以通过"抱臂"这一肢体语言来表达我们的不悦。

能用表情和动作拉近和对方的距离，我们就离成为聊天达人又近了一步。

要点　**如果想让对方离我们远一点，就可以故意"抱臂"，以示拒绝。**

10

不想拉下面子，又想附和对方，
表示友好怎么办？

✓ 使用感叹词，作出夸张的反应

✗ 溜须拍马，用奉承话附和对方

下面这个在聊天时讨好对方的技巧，想必大家都听说过——用"不愧是您""您懂得真多""您真厉害""和您聊天是我的荣幸""您品位真好""您说得太对了"之类的话迎合对方。如此一来，对方想必非常开心，也就会对我们留下好印象。

不过，如果想成为聊天高手，这种方法并不值得推荐。

因为这个技巧容易给人一种溜须拍马的直视感，很多场合也都不适用。并且，它还有一个致命的局限——在"紧急"的时候，不能立刻派上用场。

"天气变冷了呢。"

"最近我家孩子开始学编程了。"

"我换过三次工作。"

如果对方突然抛来了这样的话题，该用什么话附和对方才好，一时间竟完全反应不过来。是该说"不愧是您"呢？还是说"您真厉害"呢？……在我们纠结的工夫，一个可以应和对方的机会就这么溜走了。所以我们才说，这种迎合对方的技巧，看似简单，操作起来却很困难。

因此，我想要推荐另一个附和对方的小技巧——使用

"嗯嗯""真好啊""唔……""哎""哇"之类的感叹词。

比起迎合对方，用感叹词作出反应更简单：

"天气变冷了呢——"

"嗯嗯。真的呢。"

"最近我家孩子开始学编程了。"

"哇！学编程！"

"我换过三次工作。"

"哎？三次吗？"

无论对方抛来怎样的话题，我们都可以用"嗯嗯"表示赞同，用"真好啊"表示共鸣，用"唔……"表示思考，用"哎"表示惊讶，用"哇"表示赞叹。

虽然听起来像是在开玩笑，不过事实上也就是这么简单，在对方看来，感叹就意味着我们有兴趣，对方也能开心地和我们继续聊下去。

一旦对方觉得我们容易说上话，感觉合得来，就会自然而然地对我们心生好感。等我们能熟练使用感叹词了，也可以再"锦上添花"——在表示惊讶的时候睁大眼睛，表示赞叹的时候拍拍手，等等。

聊天里，与其思考怎样才能八面玲珑地迎合对方，不如先用感叹词，做些夸张的反应。想要获得对方好感时，也可以使用这个技巧。

**要
点**

巧妙的迎合，不如先给出反应。

11

遇到喜欢把自己的想法强加于你的人，怎么办？

✓ 礼貌道谢，然后结束对话

✗ 反驳对方，「你说的不对吧？」

总有人喜欢教育别人，哪怕是第一次见面，也要把自己的想法强加在对方身上。碰到这种人，该怎么办才好？

"我也不同意你的看法……"

"虽然你说的也不错，但是……"

也许我们总会气不过，忍不住反驳对方，但却暗自希望能有个不用反驳，也能把话题带过的好方法。

因为一旦开始反驳，这个话题就没完没了了。还很有可能给对方浇上一把火，让矛盾升级，从拌嘴发展成吵架。这个时候，就算再后悔也来不及了。

而且，就算我们在嘴上赢了对方，也有可能导致更麻烦的后果。对方可能因此怀恨在心，认为是我们"让他在别人面前出了丑"。

那么，要怎么做才好？

正确答案是转移话题，"关于这个问题，××是怎么想的?"像这样把话题抛给第三者，就能把指向自己的矛头巧妙移开。

这个办法，不仅能在好几个人一起说话的时候派上用场，就算只有两个人在讲话，我们也可以顺势叫住路过的熟人，让他加入聊天的队伍。

这样一来，就能避免最糟的状况。

不过，我还想推荐大家一个更高明的技巧，用"真是多谢你了"结束对话。

无论是谁，被人道谢，都不会觉得不高兴，我们就能以一个舒服的方式，向对方传达"就聊到这里"的意思了。

用"真是多谢你了"给对话画上句号

在和对方说了"真是多谢你了"之后，还继续"补刀"表示："这件事先放在一边，我刚才想说的是……"这种不依不饶的人应该并不常见。对方就算还没说够，也能察觉到已经不是争论的气氛，不得不把想说的话咽回去。

这个时候，我们也可以再加上一句，"咱们下次再聊"。

万一对方特别黏人，在我们说了"真是多谢你了"之后，仍然纠缠我们，我们可以说"咱们下次再聊吧"，就能成功给这段对话画上句号。

一直和同一个人聊天，聊都聊腻了的时候，或是无论如何就是聊不起来，尴尬得想要溜走的时候，都可以用上这个实用的技巧。

要点 | 聊到让人头疼的地方，用道谢来结束对话。

12

性格内向、社恐的我，就不配有趣吗？

✓ 只是使用一些简单的社交技巧

✗ 改变自己的性格，成为性格开朗的人

有一种人天生适合社交。他们性格开朗、精力充沛，聊天的时候总是对他人抱有兴趣。但我们不需要为了社交，强迫自己变成这样的人。

毕竟，人的性格，并不能轻易改变。

就算不强行改变自己的性格，只要掌握了技巧，也完全可以轻松应对各种社交场合。就算是内向又怕生的人，也可以通过学习聊天的技巧，成为聊天高手。

因为关键在于技巧，而不是性格，所以我们只需做到"熟能生巧"，问题就能迎刃而解了。

好比说，坐电梯的时候，可以顺便问一下同乘的人"你去几楼"。问出这句话本身就能让我们的聊天能力更上一个台阶。

我们不需要和同乘的人建立多亲密的关系。只用打个招呼，帮忙按下按钮。开始或许会有点紧张，多试几次就能慢慢习惯了。

如果有人觉得上面的做法还是太难了，可以试着在便利店或餐厅店员对我们说"谢谢您"的时候，也小声说句"谢谢"再离开。

不用和店员套近乎，故作爽朗地说什么"你们店真不错，我下次还来"，道声"谢谢"就已经足够了。

像这样，**哪怕对方和我们没什么关系，我们也瞄准时机开口说上几句话。**如此刻意练习，我们自然而然就能形成"把聊天继续下去"的意识。

不受欢迎、性格内向的我，变开朗了吗？

学生时期，我的性格很内向，不仅待人冷淡，自尊心还很强。理所当然，我也不怎么受人欢迎。当时的我，就是一个在街头随处可见的路人甲。

虽然那时我已经开始在餐厅打工了，但"欢迎光临"这句话却怎么都说不出口。时至今日，当时的窘迫，我仍然记忆犹新。那时我自视甚高，觉得说"欢迎光临"很不好意思。而且我也不知道该怎么做，才能走出这种状态。

就算朋友安慰我"习惯就好了"，我也打心底觉得朋友在说谎。后来，毕业后走入职场，有了更多的机会接触不认识的人，我才发现，只要习惯了和人对话，就能摆脱社恐的困境。与人交流，其实并不难。

不过，我也并没有因为掌握了社交技巧，就变成了性格开朗的人。我依然是那个内向腼腆的我。

前面也说过了，我们不需要改变自己的性格。

我们需要的只是"技巧"和"习惯"。只要掌握了聊天的"方法"，谁都可以成为聊天高手。

要点 不用逼自己成为性格开朗的人，只要掌握方法，习惯"聊天"就好。

第 3 章

和半熟不熟的人聊天/酒桌聊天篇

让人际交往变得简单！

13

如何倾听，
才能走进对方的心？

✓

『我也这么觉得……』
和对方进行共鸣

✗

『你该这么做……』
给对方提出建议

"我家孩子，在写作业之前，总是找借口，说'我想去厕所'，不然就是抱怨'今天身体不舒服'。"

"哎呀，我家孩子 6 岁以前也这样，但是现在已经好了。你也不用太放在心上。"

"啊，嗯，虽然话是这么说……"

聊天时，给对方提了建议，可就踩了雷。

"有个事儿让我挺头疼的……""最近有点烦……"这样的对话随处可见，乍一听，好像是在寻求我们的建议。

不过，大多时候，对方只是希望我们能倾听一下他们的烦恼。

如果我们给出的建议，解决了对方的烦恼，和对方的聊天也就戛然而止了。 "其实我也想说说这件事，聊聊那件事……"像这样，因为我们打断了对方的倾诉，反而会让对方的压力无处释放。

虽然对方也可以用"话是这么说，没错啦"这样的话，聊回到之前的话题，继续说他们没说完的事，不过，作为给出建议的人，我们却会觉得"怎么回事？我已经把解决方法告诉你了啊"。明明是我们给对方提建议，反倒搞得我们很焦虑。

结果，无论是给出建议的人，还是接受建议的人，都没能从中受益。

其实，多数情况，人们在倾诉烦恼的时候，心中早已有了答案。就算对方开门见山，"我想找你商量""我需要你的建议"，我们最好也先用"你这个问题可真是有点难""的确让人头疼"这种委婉的说法迂回几次，观望一下对方是否早已想好了解决对策。

转变语气，和对方进行共鸣

在对方向我们倒苦水、找我们倾诉烦恼的时候，我们应该尽可能地去附和对方，和对方进行共鸣，让对方能在一个舒适的状态中把想说的话都说出来。

> "我家孩子，在写作业之前，总是找借口，说'我想去厕所'，不然就是抱怨'今天身体不舒服'。"
>
> "嗯嗯。"
>
> "如果讨厌学习，直说就好了，这么干可真让我头疼。"
>
> "我懂你。"
>
> "我老公还说什么'小孩儿就该慢慢长大'这种不负责任的话。"
>
> "真的是。"

这个时候，我们应该把自己放空，"嗯嗯。""就是啊！""我懂！"只要像这样应声附和对方就好。如此一来，就能不费吹灰之力地让对方觉得我们"很好说话""很聊得来"。

并且，很多时候，我们只需转变一下语气，就容易和人共鸣了。

✕ "别管它了。"

☑ "别管它就好了吧。"

✕ "你不擅长。"

☑ "你不擅长这个，对吧?"

✕ "这话不对。"

☑ "这话是不是不对呀?"

建议大家，下次聊天的时候尝试一下这种共鸣的语气，会收获不错的效果。

> **要点** 就算只说"我懂""的确是""是吧"，也能和人聊上天。

14

✓

「我想说的事儿吧，其实没什么意思」，提前给自己找好台阶

✗

明知想说的事情站不住脚，还是硬着头皮开聊

有的时候，我们本想随便聊聊，对方却期待我们讲个有意思的故事，或是得出一个让人信服的结论。这种时候，我们需要多花一点心思。

大家聚在一起聊天，轮到我们说话了，虽然我们想到了一个故事可以讲一讲，但总觉得结局不是那么有意思。这种时候，我们应该怎么做？

想着总得找到这段话的落脚点才行，就一直犹犹豫豫没能开口，不知不觉间，气氛就冷下来了。

虽说如此，如果明知自己说的话站不住脚，还是硬着头皮开聊，受苦的也还是自己。想着兴许聊着聊着就能找到有意思的结尾了，最后却只能东扯西扯，想说的内容也支离破碎。

其实，我们完全可以避免这种情况的发生。只要在聊天的开头，多加一句话就好。

"我想说的事儿吧，其实结局挺没意思的，我能说说吗?"

不可思议的是，听到这个问题，没人会直接泼冷水，"既然没什么意思就别说了"。大部分人都会鼓励我们，"没关系啊，说说看嘛"，而且，就算我们说完了，故事也真的挺无聊的，对方也会笑着帮我们圆场，"果然没什么意思啊，哈哈!"

作为说话的人，提前找好台阶，能让我们更放松，说话也能更顺利，这样一来，也说不定更能打动周围的听众。

"其实这件事儿啊，说不说都行。""我能说个无聊的事儿吗？"换成这样的说法，也能起到同样的效果。

用"剧透"让对方安心

在这里，推荐大家一个聊天小技巧——"剧透"，即在聊天的开头，就先把故事的结局告诉大家。这个技巧，在各种场合都非常实用。

举个例子：

"我们公司发生了一件 HR 被人纠缠的事儿。有点可怕，我可以说说吗？"

"我老家养了一条狗，但我怀疑它是条'傻狗'，想听我说说吗？"

如果不点明主题就直接开聊，对方可能认真听了半天，都不知道我们想说什么。相比之下，开头就告诉对方故事的结局，更能让对方放松。如果是个事先不知道结局走向的故事，听故事的时候是该笑呢？还是该担心呢？对听话人而言会很有压力。而如果事先就做好了心理准备，听故事的心态也会很从容，这个时候，就算我们讲的故事不够精彩，也不会给对方留下坏印象。

相反地，我们应该尽可能地避免"我有个段子，特别有意思！""前段时间，发生了一个爆笑的事儿！"这种在说话之前，就自行提升难度的做法。

要点	把故事的结局先告诉对方，能让对方和自己都安心。

15

同事硬是要拉着你，
和你聊前任怎么办？

✓

用『小A』『镰仓』这种绰号或固有名词聊天

✕

用『那个人』『那个地方』这种指示代词聊天

"前几天，我不小心碰上了前男友。"

"啊……是那个证券公司的前男友吗？你前段时间刚分手的那个？"

"不，不是他。是我 3 年前谈的那个，服装行业的前男友。"

"啊，是他啊！"

"就是他，他和我认识的女生在一起。而且碰见他们的地方，竟然是我和他之前去过的咖啡店。啊，那个咖啡店，就是我以前经常去的那个。因为离我公司很近。"

"嗯。你这个前男友，是在哪里工作来着？"

"哎呀，我刚才不是说了嘛。"

如果被卷进了这种聊天，你是不是也会感觉特别焦躁？不仅登场的人物特别多，还伴随着"前男友""我认识的女生""那个咖啡店"这种暧昧不清的称呼，让人整体印象一团模糊。

这样的聊天，让人摸不着头脑，也会让人感觉很不舒服。

为了避免这种情况，我们需要尽可能地，不用"这个""那个"这样的指示代词。

给登场人物起名字，或展示照片

"前几天，我不小心碰上了前男友。"

"啊……是前段时间刚分手的那个'证券男'吗？"

"不，不是他。是我3年前谈的那个，服装行业的前男友。"

"啊，是他啊！所以，这位'服装男'怎么了吗？"

"就是这个服装男，和我认识的女生在一起。"

"这个女生叫什么？"

"里美。"

"就叫她'小里美'吧。"

"而且那个地方，竟然是我和他之前去过的咖啡店。啊，那个咖啡店，就是我以前经常去的那个。"

"嗯嗯，是'回忆的咖啡店'。"

"对，就在'回忆的咖啡店'，里美和服装男看起来特别开心。"

像这样，如果对方抛来陌生人的话题，我们最好先给登场人物取个名字再展开对话。如果真名不方便说，可以即兴起个无伤大雅的绰号。

　　另外，还可以随手拿起餐桌上的杯子或调味瓶，指代故事里的登场人物，这样梳理人物关系，不仅看起来更清楚，杯子或调味瓶还能随手移动，用起来也方便。

　　如果不介意，也可以展示一下登场人物的照片，这样听话的人才不会腻。

　　几个人聚在一起聊天，聊到一个大家都不认识的人，或是聊到自己喜欢的明星、运动员的时候，这个技巧也非常好用。

　　为了让听话的人理解起来更容易，感觉更具体，印象更深刻，我们要多下点功夫。

要点　如果话题无法给对方留下深刻的印象，对方就会越听越腻。

16

让人"上头"的提问，
什么样？①

✓

询问『在这件事情上，您有什么习惯吗？』

✗

询问『您有什么讲究吗？』

"您有什么讲究吗?"

"您会在什么方面比较讲究呢?"

问问对方正在埋头干的事情、热衷的事情,就容易和对方聊得来。毫无疑问,这是一个容易让人"上头"的话题。

虽说如此,我们还是应该在提问里避开"讲究"这个词。

"讲究"和"爱好"一样,都是难以处理的词语。什么程度才能称为"讲究",往往因人而异。

多数时候,听话的人只会"不,倒也算不上是讲究……""我也不是在讲究……"这样含糊其辞。

更有甚者,会觉得"说'这个人真讲究',是一种挖苦"。

那么,假设对方愿意透露他们热衷的事情,我们该怎么提问才好?

避开"讲究",询问"习惯"

与询问爱好的时候相同,如果我们的提问更具体,对方也会更方便回答。

"您的皮肤可真好,有做什么特别的保养吗?"

"其实,我最近特别爱喝蔬菜汁。"

"哎呀,是哪种蔬菜汁呀?是自制的吗?还是外面卖的?"

"这个啊……"

"您打了20年高尔夫啊。能打这么久，会特别在意什么吗?"

"怎么说呢。我会在意用好的球杆。"

"哇，手感会很不一样吗?"

"那当然不一样啦! 说起来，我最近买的球杆……"

应该像这样，避开"讲究"，直接询问"习惯"。

相反，如果我们被问起"讲究是什么"，可不能用"也不至于是讲究……""倒也没什么……"这样的回答把话题生生掐断。

要理解对方只是想找个话题，和我们聊聊天而已，我们要将对方的问题转化成"平时都在做什么""有什么特别的习惯吗"，然后再回答。

被问到"爱好"，就用之前提到的"过去·现在·将来"的视角，聊聊自己感兴趣的事情、做过的和打算做的事情。

被问起"讲究"，就说说自己的"习惯"。

我们问别人的时候也是同样的道理。

如此一来，我们的聊天就能顺利进行了。

要点 | 比起询问"讲究"，直接问"有什么习惯"，会让对方更容易回答。

17

让人"上头"的提问，什么样？②

✔
用『怎么样』询问状态或心情

✖
用『为什么』询问理由

聊天时，我们有时会"好心办坏事"，就比如，用"为什么"询问对方理由的时候。

"我之前一不小心在电车里睡着了，直接睡到了终点站。"

"为什么睡过站了啊？"

"啊？嗯……因为有点喝多了吧。"

"为什么要喝那么多啊？"

"哎呀，见到了好久没见的老同学，一不注意……"

提问的人没有恶意。不如说，是因为有兴趣才会提问的。但是，被提问的人却没办法好好回答，甚至感觉到了压力。

总是被"为什么"打断，想说的话根本说不出来。结果就是没能聊起来。

被询问理由时，人的心情会骤然降温。因为我们思考"为什么"的时候，头脑就会冷静下来。因此，在一段以交流感情为目的的聊天里，询问"为什么"，并不明智。

比方说，聊"讨厌的食物"，我们说了"讨厌青椒"，如果对方追问"为什么讨厌"，我们也会很难回答。

大部分人都会含糊其辞"倒是也没什么特别的理由……"然后拼命思考讨厌的理由。**"思考"这个步骤可是聊天的致命**

伤。越是思考，聊的话就越少，气氛也会越来越尴尬。

另外，"询问理由"这种行为，有时也会被认为是一种批评。就像是妈妈斥责顽皮的小孩"你为什么要这么做"。作为听者，就会条件反射一样地感到不安，"啊？我有做错什么吗？"这就不是一个适合聊天的状态了。

不问"为什么"，要问"怎么样"

两个人一起聊天时，不用想太多，把对话继续下去才重要。

因此，如果想提问，就不要问"为什么"，而要问"怎么样"。

举个例子，对方说了"一不小心在电车里睡着了，直接睡到了终点站"时，我们就可以问："中间一次都没醒过吗？""醒来的时候，有没有吓一跳？"

关于刚才那个"讨厌青椒"的话题，也可以提问"有多讨厌啊"，对方会回答"讨厌到就算是切成细丝也能立刻吃出来""炒熟了还好，做成沙拉我可受不了"，像这样，话题就能逐渐展开了。

明明想要好好聊天，却因为多问了几个"为什么"冷了场，就被对方当成了"麻烦的人"。为了不让这样的悲剧发生，还是尽量不要询问理由为好。

要点　问"为什么"会让人心底设防，问"怎么样"才能让对方敞开心扉。

18

如何聊，让关系更近一步？①

✔
聊感觉

✖
聊事实

朋友约你去吃饭，说是"这家餐厅很好吃"。等你实际去了，却觉得"虽然也算好吃，但也没那么好吃……"

过两天，在酒席上聊起那家餐厅的话题，被朋友问起"那家餐厅怎么样"，你会怎么回答？

如果在这里实话实说"倒是也没那么好吃……"可就踩雷了。

"如果别人去了却大失所望，就太可怜了，我得尽可能把实话告诉大家"，就算我们心里是这么想的，在这个场合，也根本没人要求我们有一说一。

这个时候，我们应该附和着说"很好吃啊"。

这么说，无论是我们，还是身旁的朋友，都不会"少块肉"。

料理好吃与否，一定程度上还要取决于吃饭时的身体状态，以及一起吃饭的人是谁。反正也是模糊的事情，含糊过去才是高情商的做法。

反过来说，如果是没办法含糊过去的事情，就不该当成聊天的话题。比如，受灾人数、公司业绩，或是考试的成绩。

无论是应该谨慎处理的事情，还是黑白分明的话题，都不适合放进聊天里，我们应该尽可能避免。

碰到不理解的词语，就去"感觉一下"

聊天的时候，有时会出现我们不理解的词语。比方说，和

很久没见的老同学一起喝酒：

> "最近我们领导总是催 KPI①，烦死我了。"
>
> "我懂！我们领导也是，KPI 都成口头禅了，我们都乱成一团了。"

在这里，就算我们不懂 KPI 是什么意思，含糊着附和大家的话，才是正确的做法。

因为，**我们讨论的并不是 KPI 本身，和大家面对 KPI 时的复杂心情共鸣，才是我们聊天的目的。**

反过来说，如果感觉话题要变成认真讨论职场的烦恼了，气氛也有点凝重，我们就可以索性坦白："不好意思，有个词我刚才就没太理解，KPI 是指什么啊？"这样不仅能让大家笑起来，还能让紧张的气氛重新回归轻松。

要点　聊天要重视气氛，不要拘泥于细节。

---

① 重要的业绩评价指标，以达成组织的目标为目的。

19

如何聊，让关系更近一步？②

✓

只是一个劲儿地夸奖『真不错』

✗

精准吐槽

有的人为了和对方聊得来，喜欢在对方说话的时候吐槽几句。然而，这也是错误的做法。

比如，对方说了"我喜欢古典音乐，特别喜欢肖邦"。为了调节气氛，有人会打趣，"肖邦是该读作 Chopin 吗"，还有人会故意使坏，"喜欢古典音乐啊，不愧是上流人士！"

遗憾的是，吐槽的效果多数都很糟糕。虽然在努力吐槽，但努力的方向不对，气氛更尴尬了。

因为搞笑节目的盛行，大家都听说了吐槽，然而，吐槽看起来简单，操作起来却很难。不是聊天菜鸟能轻易模仿的。搞不好就会落得一个"这个人好坏"的评价，让对方对我们的印象更差了。

那么，要怎么做才好？

如果有工夫吐槽别人，不如养成夸奖别人的习惯，这样反而更容易和人聊起来。

　　"我喜欢古典音乐。"

　　"哎呀，古典音乐啊，真不错。可惜我完全不懂，你喜欢哪首曲子啊？"

　　"虽然喜欢的曲子有很多，不过最喜欢的还是肖邦的《夜曲》（Nocturne）。"

　　"哇，这个曲名真好听。这是一首什么样的曲子呀？"

"啊，你愿意听听吗？说到这首曲子啊，肖邦可真是个天才……"

"夸奖"就是最高级的反应

"真不错！""好棒啊！""好帅气！""真厉害！"……只要是夸奖的话，说什么都可以。当然，就算是非常肤浅的夸奖也没问题。

只要能向对方传达"我很欣赏你说的话"这层意思，就万事大吉。因此，

"我的兴趣是拉面店探店。"

"哇，感觉很帅气啊！"

"哎？这很帅气吗？搞得我都有点不好意思了……说起来，我现在特别喜欢的店是……"

就算是这样，夸得不太到位，对方也能和我们聊起来。因为，和奇怪的吐槽或应声附和相比，哪怕是很牵强的夸奖，也能让对方更愿意把话聊下去。

"感觉很假……""明明心里没这么觉得，这种骗人的话我

可说不出口"，与其忙着占据道德制高点，批判这种做法，不如先给对方一些善意的反馈吧。

　　毕竟，聊天就应该交流积极、正面的情感。

要点	**无论是说"真厉害"还是"真可爱"，只要是夸奖对方的话就好。**

20

聊天的节奏感，靠什么把握？

✓

问封闭式问题，掌握聊天的节奏

✗

问开放性问题，让话题更广

很多书和理论都教过我们下面这条技巧。

"问封闭式问题，会把对方的回答限制在'是或不是'之间，让对话不容易发散。想要扩展对话，就要问开放性问题，让对方无法用'是或不是'回答。"

然而，在和人聊天时，如果一开始就问了开放性问题，由于答案多种多样，对方会一时之间不知道该怎么回答，有时就会面临聊不起来的窘境。

比如，问"最近怎么样"，就是个很好的例子。

这个问题问起来很方便，从工作场合到私生活，在各种各样的场合都能问。然而，回答起来却让人感到头疼。

被领导问起"最近怎么样"，我们会一时间搞不清楚状况，这究竟是在问工作的进展呢？还是和工作无关的内容呢？或者只是训话前的铺垫？

毕竟这是一个开放性问题，思考答案就会有点辛苦。结果，也只能得出"一般般吧""我在努力……"之类的含糊不清的回答。

这样的问答，在体育比赛的采访环节也经常能听到。

问题具体一些，对方才更方便回答

把"最近怎么样"，换成"工作顺利吗"，对方回答起来就容易得多。

"嗯，很顺利，这回被安排了一个重要的项目。"

"工作还算顺利，不过私生活就有点……唉，你能听我说说吗？"

把提问具体化，直接询问工作，对方会更容易回答。在这个基础上，我们的话题也能从工作扩展到其他更想聊的事情上。

聊天重视的是对话的你来我往，特别是在聊天的开头，节奏十分重要。

如果不小心问了对方一个含糊的问题，就要立刻补上一个让对方容易回答的问题才行。

"最近怎么样？ + 你现在的公司，是在丸之内吧？"

"你周末都会做什么？ + 上周末做了什么？"

"好久不见了，还好吗？ + 没生病吧？"

在聊天里，我们应该问的，不是"问起来方便的问题"，而是"让对方容易回答的问题"。

要点 聊天的开头要重视节奏，问一些让对方容易回答的问题。

21

冷不丁被同事夸奖了，该怎么办？

✓ 被人夸奖了，就感谢对方

✗ 被人夸奖了，就谦虚一下

有的人会用称赞对方的话，开启一段聊天。这种时候，我们要给出什么反应才好？

"你的衣服真好看！"

"哎呀，也没有啦……"

"您最近可真是大展身手啊！"

"哎呀，哪里的话……"

像这样，下意识就开始谦虚可不行。

因为这会把这段聊天生生掐断了。

说到底，称赞别人的人，也只是想客套一下。

面对这种客套话，无论我们用"没有的事"逐一否定，还是用"哪里哪里……"表示谦虚，或是用"您才是呢"回敬对方，都太麻烦，太累了。

那么，我们要给出什么反应才合适呢？

正确答案是说一句"谢谢夸奖"，坦率地表达感谢。

就算只是客套话，被感谢的人也不会感觉不舒服。

"感谢+多说一句话"，就能让聊天内容更饱满

在习惯了感谢对方之后，我们可以用"感谢+多说一句

话"的形式，让聊天内容更充实。

比方说，"谢谢夸奖。今天的衬衫我特别喜欢，我买了三件不同颜色的呢"，像这样回复对方，不仅能冲淡我们被人夸奖时不好意思的心情，也可以创造一个环境，让对方问出"是在哪儿买的"，让我们的聊天内容更丰富。

被人夸奖学历、容貌、工作业绩的时候，也可以这么做。

"你是〇〇大学的啊，好厉害啊！""谢谢夸奖。我高中的时候可是个书呆子。""看不出来啊！"

"您的皮肤可真好！""谢谢夸奖。我每天晚上都要涂一层厚厚的保湿面霜呢。""是什么牌子的面霜啊？"

大致就是这种感觉。

顺便一提，对方故意找碴儿的时候，"谢谢夸奖"这个方法也特别好用。

"真好啊，像你这种闲人，还能拿到工资。""谢谢夸奖。就是说啊，有钱拿可真好。"

"有一个会赚钱的老公，人生可真轻松啊。""谢谢夸奖。有个好老公真的很好呢！"

"谢谢夸奖"，用起来既轻松又方便，是无敌金句，大家一定要亲自试一试。

要点

进可攻退可守，"谢谢夸奖"是万能的。

22

忍不住想夸夸同事，
怎么夸效果最佳？

✔

直接说出夸奖的话

『……真不错』，

✘

只是指出发现的

事实

107

聊天，是情感的交流，对聊天对象感兴趣，尤其重要。如果能仔细观察，发现对方的变化，对方想必非常开心。然而，如何用语言表达出来，也是一门学问。

比方说，听了下面的对话，你感觉怎么样？

"哎呀，小×。你这个包，是新买的吧？"

"啊，嗯。打折，很便宜就买了。"

"……"

"……"

是不是很尴尬？

对方不清楚我们是在夸他还是在挖苦他，一时间不知道该给什么反应才好。

我们发现对方背了新包，却只是简单指出了事实，没能更进一步。只差临门一脚，就非常可惜。

这种观察到了对方的变化却因为没能好好表达出来，弄巧成拙的例子，并不少见。

"指出发现的事实+真不错"，才是夸奖对方

相反，擅长夸奖别人的人，总能将一些小小的发现顺利转

变成对别人的赞美。

> "这条领带，经常看你戴。+ 真时髦！"
>
> "你是换发型了吗？+ 很适合你！"
>
> "这个包，是新买的吗？+ 颜色真漂亮！"

前半句，都有向对方表达"我有在好好观察你，把你的事记在心上哦"。

不过，后半句的直接赞美，才是整句话的重点。自然地夸奖对方，"真时髦！""很适合你！""颜色真漂亮！"才是关键所在。

反过来说，等我们成了聊天高手，也可以试着调动对方，让对方说出赞美的话。

> "你这个包，是新买的吧？"
>
> "哎呀？被你发现了。奇怪吗？不奇怪吧？"
>
> "很帅气哦！"
>
> "你换发型了吗？"
>
> "是啊。适合我吗？应该适合我吧？快说适合我！"
>
> "哎呀，我错了我错了，很适合你，很适合你！"

如果对方正在努力地向我们搭话，就算和对方关系没那么近，我们也可以"用点小心机"，让对话朝更积极的方向发展。

> **要点** 故事的结局最重要。聊天也是同理，最后一句话才是重点。

23

如何聊，让尴尬的对话"起死回生"？

✓ 临机应变，回到之前的话题

✗ 使出浑身解数，推进对话

无论是什么话题，都不可能永远聊下去。如果一直死抓着一个话题不放，反而会让我们的聊天陷入窘境。

"……所以我才说，我最喜欢桌游了！"

"原来如此。桌游真的很有意思啊！"

"是啊是啊。"

"还是挺有内涵的。"

"你能明白就好啦！"

"真的很不错。"

"是吧是吧。"

"……"

"……"

聊到这里，就不知道还要怎么展开了。聊天的彼此也都心知肚明。虽说如此，一时之间也想不到什么新话题。只能就着当下的话题干聊，陷入沉默也是必然的……这种情况，我们时常会遇见吧？

所以，该怎么办才好呢？

"倒带"和"重播"，其实都可以

在我们一门心思想要推进话题、扩展话题的时候，就很容易陷入上面的困境。然而，没人规定，聊天"只能前进"。只要能把对话继续下去就是胜利，所以，回到之前的话题，也是一种策略。

"……所以我才说，我最喜欢桌游了！"

"原来如此。桌游真的很有意思啊。"

"是啊是啊。"

"还是挺有内涵的。"

"你能明白就好啦。"

"……话说，咱们刚才聊到的，桌游咖啡店，是谁都能去吗？"

"是啊，现在桌游咖啡店也变多了。就像卡拉 OK 一样，谁都能去。"

"这样啊。我下次也想去。"

"哎呀，那咱们一起去吧！"

像这样，用简单一句"话说，咱们刚才聊到的""从一开始我就想问了"，回到之前相互投机的话题，就能自然而然地让对话"起死回生"了。

上了年纪的阿姨们聚在一起闲聊，会把同样的话题聊上很多遍。阿姨们可以说是参悟了聊天的奥妙——聊天的内容，真的不重要。

比起莽撞地扩展、推进对话，有时候，回到之前的话题，或是让对话回归起点再次出发，也是一个聊天技巧。掌握了这个窍门，聊天的时候就再也不用慌了。

要点 | 不要怕"倒带"至之前的话题。聊天，只要不是原地踏步就行。

24

介绍对方给第三个人认识时，
忘了对方的信息，怎么办？

✓

『你具体是做什么工作的？』在简单开场后，让对方做自我介绍

✗

『我记得你是负责……』，仅凭模糊的记忆主导对话

115

对方说起了以前就说过的事情，如果我们想着反正以前都听过，就抢过对方的话，可就踩了雷。

　　"我喜欢去国外旅行。"

　　"啊，我记得你是喜欢一个人去吧！"

　　"不，倒也不是……上次是碰巧一个人去了美国。"

　　"对，我记得你去了美国，然后去现场看了棒球比赛，对吧？"

　　"啊，嗯，我看的是橄榄球比赛。"

我们通常会觉得牢牢记住对方的喜好是对他人上心的表现。但问题是，我们其实很难保证记忆是否准确无误。凭借模糊的记忆去附和对方，通常都会酿成悲剧。

　　相比而言，就算是对方之前说烂的话题，也通通当作第一次听说，则会轻松得多。

　　"我喜欢去国外旅行。"

　　"去国外旅行，不错啊。"

　　"去年我第一次一个人旅行，去了美国。"

　　"哎呀，这样啊！听上去就很有意思！"

　　"哎？我之前是不是和你说过啊？"

"啊，有说过吗？我有点忘了。你再和我好好讲讲吧！"

"是吗？哎呀，说到那个时候啊……"

就算中途对方表示诧异"我是不是和你说过"，只要我们表现得不在意："你可能是说过，不过我还想再听听哦！"就没问题。**和和气气把天聊下去，才是我们的目的，记忆力不是重点。**

介绍别人，模糊的记忆也会坏了事

在我们介绍对方给第三个人认识的时候，要特别注意。

"他啊，在〇〇公司工作，是个不错的年轻人。"

"啊，是在××公司。"

"哎，是吗？我记得你是负责品牌战略来着吧？"

"不是的，我在促销部门工作。"

"啊，这样吗？"

为了避免这样的尴尬，**还是不要在记忆模糊的时候，贸然主导对话比较好。**

"他是个不错的年轻人。啊，你具体是做什么工作的？"

"我在××公司负责产品促销。"

在简单开场之后，让对方做自我介绍，就能得到更准确的信息，还能有效避免尴尬，这才是介绍聊天对象的正确做法。

<table>
<tr><td>要
点</td><td>逐一记住对方说过的话，不仅很麻烦，风险还很大。</td></tr>
</table>

25

过年过节回家被亲朋好友围攻，打探隐私怎么破？

✔

用『一般来说』岔开话题

✕

为了保持礼貌，就勉强自己去回答

"你和几个人谈过恋爱啊?"

"实话实说,你年收入多少?"

"你准备要孩子了吗?"

总有人爱问没礼貌的问题。

如果对方是我们的好朋友,"你问这个是不是傻?""还是别问这个了",我们大都可以像这样提醒对方,这个问题不该问。但是,如果对方是我们的远房亲戚或职场的领导,我们就不能这么打发对方了,还是需要给出一个回答。

然而,在这里,我们不能认真回答,不能一五一十地把事实告诉对方。否则会让自己受伤。何况,无论回答什么,对方都不会就此善罢甘休。

"●个人······"

"哎呀,是吗?你不结婚吗?早点结婚比较好啊!"

"●日元······"

"哎呀,换个工作能多赚点儿吧?"

"目前还不考虑要孩子。"

"为什么啊?"

像这样,对方还会"穷追不舍",而且会陆续抛出让我们更难回答的问题。

但我们也不能用"我看起来像多大"这种话术反问回去，或是用"你猜呗"来唬人，搞不好会让对方很不高兴。

遇到头疼的问题，就用"一般来说"糊弄过去

想要逃避不礼貌的问题，高情商的做法，是用"一般来说……"把话题岔开。

"啊，几个人呢，一般来说，大家都是 5 到 10 个吧。"

"以我这个年纪，一般的行情都是 500 万到 800 万日元吧。"

"大家一般都是多大要孩子啊?"

像这样，就既回答了对方的问题，又能含蓄地表明"我不想说自己的事情……"

"那还挺少的。在我们那个年代啊……""话说把这种事情称作行情……""大家也都各不相同吧"，对方被我们成功岔开，正中我们下怀。

面对想要亲近的人和想要回答的问题，可以多聊聊自己

的事。

面对想要保持距离的人和难以回答的问题，就用"一般情况"糊弄过去。

聊天的定律，也就是这么简单！

要
点 | 想和对方保持距离，就用"一般来说"，把话题岔开。

26

朋友聚餐，如何聊，成为人群中有吸引力的人？

✓

作为『润滑油』，调节气氛

✗

像主持人一样控场

123

"真想变得和那个人一样会聊天！"我们有时会羡慕别人。那么，理想中的"那个人"是什么样的呢？

是能轻松控场、经验丰富的主持人吗？他们既能把话题平均分配给在场的每个人，又能准确回应各种话题。他们总是很有梗，无论别人聊什么，都插得上话。

其实，越不擅长聊天的人，就越会向往主持人的类型。

然而，想成为会聊天的人，其实没必要把主持人类型当成目标。每个人都有各自擅长和不擅长的事。事实上，比起主持人类型，有个角色更适合我们。

像润滑油一样，调节现场气氛的类型，才应该是我们努力的目标。

用不着抢出风头、口若悬河，润滑油类型的人，用适合自己的节奏聊天，也能和对方聊得来，建立良好的关系。

"直接重复词语"比"鹦鹉学舌"更简单

那么，想要成为润滑油类型的人，需要掌握什么技巧呢？

将对方说过的话重复一遍，这种"鹦鹉学舌"的聊天技巧，相信很多人都听过。其实，还有一个简化的版本——直接重复词语。这个技巧一学就会，简单、轻松、好上手。

"最近发现了一家特别好吃的蛋糕店。"

"蛋糕呀!"

"这家店在表参道。"

"表参道!"

"蛋糕加上了满满的新鲜芝士。"

"哇! 芝士!"

感觉怎么样? 是不是比鹦鹉学舌容易得多。就算是这样,也完全不会让对方感觉不舒服。

在对方说的话里挑一个词重复一遍,就能让对方觉得"这个人对我说的话有兴趣",也会更愿意和我们说话。

"直接重复词语"的方法也适用于夫妻之间,或是其他家庭成员间的对话。

要点	会聊天的人,能给对方创造一个容易说话的环境。

第 4 章

职场/商务篇

只是简单地聊聊天，就能赢得对方的信任！

27

初入职场，
害怕和领导谈话，怎么办？

✓
像老师和学生一样，以上下级的关系聊天

✗
像朋友一样，以对等的关系聊天

比起和生活中的人聊天，很多人都对和职场中领导或客户聊天更上心。

不知道该聊些什么，既不能显得不礼貌，又不能聊太没营养的内容，还不想把工作直接代入闲聊中。可以说是四处碰壁，走投无路。

其实，和其他聊天相比，商务聊天也是大同小异。只要将对话继续下去，就能建立人际关系。重要的是对话的过程，而不是对话的内容。我们可以就这些点触类旁通。

那么，为什么我们会感觉紧张呢？因为我们套用了错误的人际关系。我们习惯地把领导或客户当成自己亲近的朋友去聊，强行用和朋友相处的方式，面对让我们心存顾虑的人，才会感觉特别别扭。

就算没那么疏远，领导和客户这种比我们级别高的人，也不是我们的朋友。所以，有没有一种聊天模式，刚好适合这种微妙的关系呢？

"老师教学生"，是商务聊天的最佳模式

在商务聊天里，我们不能打肿脸充胖子，强行以对等的地位和对方说话。"请教对方，从对方身上学习"，才是商务聊天

的最佳心态。

其实，领导和客户也很烦恼，他们也不知道该站在什么立场和我们聊天才好。所以，彼此的聊天才会很生硬。

因此，建议大家玩一场**角色扮演游戏——假装对方是老师，我们是学生。**

比如，可以用**"我最近有点发愁……"**开头，简单说说自己的近况，然后向对方咨询烦恼。

再比如，听对方说话的时候，可以像学生听课一样，举手提问，"**●●是○○的意思吗？您多和我讲讲吧！**"

这样聊天，既能保证"对方在上，我们在下"，又能在公私之间取得绝妙的平衡。对方也会恢复从容，为我们指点迷津："这种时候就应该这么做……"

这样一来，无论对方聊起了"高达"的知名台词，还是欧洲的市场情况，我们都可以不用慌张。

只要一边说**"不好意思，这方面我完全不懂"**，一边向对方请教，就既能让对方获得心理上的满足，又能学到东西了，可谓一举两得。

不能因为对方是"工作伙伴"，就和对方谦让，也不能把对方当成朋友，以对等的关系和对方交往。在进退两难的商务聊天里，老师和学生的关系，可以说是最理想的上下级关系。

同理，这个方法也可以用于和配偶的父母，或是长辈聊天的时候。

要点	就算是让我们心存顾虑的人，只要把对方当成老师，就能轻松和对方聊天。

28

想要拿下新客户，
就是聊不出进展，怎么办？

✓ 用自己看待问题的独特视角

✗ 用自己擅长的领域

　　为了更好地与客户沟通，有人会迎合客户的口味，丰富自己的兴趣爱好，或是广泛涉猎当下的热点新闻以制造谈资。这是在用自己的知识广度拉近和客户的距离。

　　还有人会在某个领域刻苦钻研，让自己对它无所不知，再在和对方的聊天中，把话题引到自己的"拿手好戏"上。这是在用自己的知识深度拉近和客户的距离。

　　当然了，这两种方式也许都有可取之处，也有人通过这两种方法成功地离客户更近了。但其实大多数时候，用这两种方法，只会让我们表面上显得和客户聊得来。客户和我们的关系实际上却难以走心。

　　因为知识终归只是知识，客户无法从既定知识中了解我们真实的性格、品性，自然也就无法真正地信任我们。

　　在此想要建议大家，和人聊天时，比起把宽广的知识面或是在某领域的专业性作为突破口，用自己看待问题的独特视角打开话题更为可取。

　　举个例子吧，我有个朋友是流通方面的专家。

　　无论面对什么难题，他总会先思考"我要怎么做才能将万事安排妥当呢"。他会从这个角度思考，并总结成自己的语言。面对新鲜事物的时候，他总会采用这种方法，用以不变应万变的思维方式，应对各种聊天。

说回我本人，我是个"沉迷"于人际关系的人。

这也就导致了我无论遇到什么问题，都会先从人际关系的角度入手进行一番衡量。无论看到的是政治，还是体育方面的话题、新闻，我都不禁会先思考其中存在的人际关系以及人物心情。

可以说，只要人在的地方，我的兴趣就在。

用独特视角，串联所有话题

只要拥有一个看待问题的独特视角，无论碰到什么领域的事情，我们都能产生兴趣，既能倾听别人的看法，也能够侃侃而谈。

也就是说我们能够进行"既有广度又有深度"的聊天了。

假设对方说："我养了条狗，经常去遛狗场遛狗。"这个时候，就算我们没养狗，对狗也提不起兴趣，但只要有一个自己独到的视角，就完全不用担心冷场的尴尬。

拥有"流通"视角的人会出于兴趣不自觉地发问："遛狗场既要确保交通方便，又要保障面积宽广，选址的话，一般都会定在什么地方啊？"

而拥有"人际关系"这一独特视角的我会不禁对"什么

样的人才会特地去遛狗场遛狗？遛狗的时候会一起聊天吗"
这种问题产生兴趣。

当然，这类独特视角也并非一朝一夕就可以练成的。

先把自己感兴趣的事情写在纸上，再思考它们之间的共
性，或许是个找到属于自己的独特视角的好方法。

看待问题的独特视角，不仅对我们与人交谈大有帮助，还
是我们能用一辈子的武器。

要点 只要拥有一个看待问题的独特视角，就可以进行既有广度又有深度的对话。

29

和领导正好独处
一部电梯，怎么办？

✓

主动搭话

✗

避开视线

和领导同乘电梯，两人独处，好不尴尬……这种事情，时有发生。

职场书籍经常会教我们"优秀的职场人，哪怕只是乘坐个电梯，都能搞定人际关系"。然而，真到了这个时候，我们却不知道该说什么，只会低着头沉默。

我们也许会为了避免对方向我们搭话，故意错开视线。这也十分不可取。

狭小的空间里，我们的尴尬无处遁形。很多时候，领导保持沉默，是看我们"可怜"，才故意不和我们搭话的。有的领导，甚至会在心里默默记上一笔："这个人明明看见我了，还装作没看到……"

那么，电梯里和领导两人独处，我们应该怎么做？正确答案是，主动和领导搭话。

不无视领导，才是重点

和心存顾虑的人共处一室，又无处可逃。

紧要关头，究竟该说些什么才好？其实，无论说什么都好。电梯里的聊天，不需要什么明确的话题。

"您辛苦了！"

"啊，你工作怎么样啊？"

"多亏了您，进展得还不错。"

"今天是出门跑业务吗?"

有一搭没一搭地聊着，电梯就到了我们要去的楼层。

聊什么不是重点，重点是我们主动向领导搭话，积极地开启了一场聊天。其实，能做到"没有无视领导"这一点，就已经很好了。其他技巧，都可以通通放到一边。

如果我们对和领导搭话已经游刃有余了，就可以再挑战一下之前学习过的"夸奖""请教""道谢"三部曲。

"您怎么每天都这么帅啊! (夸奖)"

"哪儿有啊。"

"您都是在哪儿买的衣服呀? (请教)"

"回头告诉你。"

"啊，谢谢您。(道谢) 那我就先走了。"

虽然是段毫无营养的对话，但领导一定会对我们留下好印象。与其在电梯里没头没尾地和领导谈工作，这么聊，会更给我们加分。

要点 电梯中遇见领导，主动搭话就好。

30

和领导正好同乘一辆出租车，怎么办？

✓

聊聊路边的风景

✗

为了不让领导感到无聊，一个劲儿地抛话题

比和领导同乘电梯更尴尬的，是和领导同乘出租车。

坐电梯时间短，应付起来也容易，中途还可能会有其他人进来。然而，同乘出租车就没那么幸运了，独处的尴尬，要怎么破解？

就算暗下决心，一定要和领导搭上话，也不知该从何说起。尝试了各种技巧，可终究也不太顺利。这种时候，该怎么办才好？

其实，有个话题只有坐车时才能聊——车窗外的风景。

无论是在会议室还是在酒桌上，我们都不会聊到这个话题。然而，它却是坐车时的必聊话题。

"有点堵车啊。"

"这条路一直在施工。"

"啊，那家店怎么没了。整条街的感觉都不太一样了。"

聊什么都行。只要把看到的东西逐个说出来就好。把自己想象成一个摄像头，这个技巧也被称作"视频聊天"。

领导很可能会借着我们的话题，开始侃起国家经济形势，或是说起这条路以前的故事。

一旦对方开始说话，我们就应声附和"原来如此""是这样啊"，就算只是蜻蜓点水，也非常得体。然后：

"哇，这个广告牌可真大！"

"那辆奔驰，是很多年以前的款式了吧？"

像这样"故技重施"，再一次将映入眼帘的风景转为新的话题。如此一来，我们的话题就永远不会干涸，和领导同乘出租车也变得不再可怕。

聊路边的风景，巧妙避开涉及隐私的问题

聊路边的风景，不仅可以丰富我们的话题，还可以帮助我们巧妙躲避涉及隐私的提问。

其实，对方也在以领导的方式关心着我们。

就算对方追着我们问"家住在哪儿""有什么爱好吗"，也不是为了打探我们的隐私。领导也只是为了和我们好好聊聊天，才不得不出此下策。

虽说如此，作为下属，和领导独处时，不得不去和对方聊上几句，对社恐而言本就已经很心累了，还要被刨根问底，更是让人感觉精疲力尽。这种时候，把我们看到的风景当成话题一个个抛过去，领导就会主动聊起他们喜欢的内容了。

这样一来，就可以既不得罪领导，又不勉强自己，顺利地

和领导乘坐出租车到达目的地。

要点 在出租车上和领导"共处一室"，眼中的街景就是我们的话题。

31

同事拉着你，聊你不想听的废话，怎么办？

✓

「咱们换个话题吧……」

✗

「差不多也该……」

和工作伙伴聊天，想着聊得差不多了，该进入正题了，这种时候，该怎么做才好？

"话说……"想这样不着痕迹地转换话题，却还是会被对方牵着鼻子走。"差不多也该……"就算这样催促，聊天也还是无法告一段落……

如果面对的是领导、客户这种比我们级别高的人，我们想主动转换话题，就更是难上加难。

其实，这种时候，直截了当地表示"咱们换个话题吧"，就能顺利达到我们的目的。

哪怕对方是再"肆意妄为"的人，一旦我们直说了"咱们换个话题吧"，"不，我还是想继续聊这个"，对方也不可能这样拒绝我们。

同样，用**"我可以说点别的事吗""不好意思，打断一下……"**也可以起到同样的效果。只要能直接向对方表达"接下来我想说这件事"就好。

谈生意，该进入正题的时候，**"哎呀，和您聊天可真开心，我能从早聊到晚！"**先这样抬高对方，再说**"虽然想和您一直聊下去，不过我们还是说正事吧"**，就能顺利推进聊天进程了。

感到不安，就"提前预警"

有一种技巧，不拘泥于过程，讲故事的时候也可以用到，那就是"提前预警"。

虽然和对方讲这件事应该是第一次，但因为已经在很多地方讲过这个故事了，对方很可能已经听过。只是，万一对方没听过，就白白错失了一个好机会。这种时候，该怎么办才好？

在我们犹豫不决的时候，就应该索性挑明"这个故事，要是我之前已经讲过了，就不好意思啦""这是我最喜欢的段子，已经在很多地方说过了"，在一开始就铺好台阶。

如此一来，就算讲到一半，对方突然说"这个我之前听过了"，我们也有台阶可下，"是吧，我就觉得可能说过，不好意思啊"，像这样有效避免尴尬。

如果聊天的对象是让我们感到紧张的人，通过观察对方的反应，随机应变地去掌握聊天的节奏就太难了。这种时候，我们完全可以直接点明主题，"咱们换个话题吧""接下来我还是想说这件事"。如此一来，和对方聊天也就没有那么难了。

> **要点**　不追求过程的完美，顺其自然，聊天就会变得很简单。

32

陪客户聊天，
非得给出回应，怎么办？

✓ 挑选关键词，给出回应

✗ 对聊天中的所有内容都给出回应

"前一阵子，我第一次去了车站前新开的荞麦面店。"

"是东口的那家荞麦面店吗？很好吃吧？"

"是啊，还挺好吃的。那家店旁边有个汉堡店……"

"汉堡店很有人气吧。门口有很多人排队吗？"

"嗯……是啊，还行吧。要说排队的话，还是奶茶店……"

"奶茶真的有很多人喜欢啊。现在奶茶店越来越多了……"

如果聊天的对象是客户或领导，有人会有压力，觉得陪客户和领导聊天也是一种工作，不努力不行。然而，有的时候，这份努力只是白费力气。

对聊天中的所有内容都给出回应，就是典型的白费力气。

一般情况下，回应给得越多，对方就越容易向我们敞开心扉。但也有例外——如果像上面那样条件反射似的给出回应，而不怎么过脑，就只会让对方聊不下去，两个人的关系也会渐行渐远。

那么，应该怎么做才好？

在这里我想敲重点——聊天技巧固然重要，但也不可忽视聊天的目的和策略。

比如，客户说了"前一阵子，我第一次去了车站前新开的荞麦面店"，我们就该意识到，这句话有两个关键词，"车站前"和"荞麦面店"，进而选择其中一个关键词展开话题。

如果选择前者，可以问"您经常去车站那边吗""听说车站那边开了很多新店"；选择后者，就问"那家荞麦面店怎么样啊""您是喜欢荞麦面吗"，我们的话题就不会枯竭了。

值得一提的是，有时沉默点头也是会聊天的表现。

不擅长聊天的人经常会忍不住沉默，一不小心就给了对方太多回应。

因为太害怕尴尬，无论对方说什么都着急给出回应，导致所有回应都很无聊，气氛反而越来越差……

努力转换各种各样的话题，却怎么都聊不起来……

我们不需要为了给对方回应，就对每个关键词都作出反应，提出疑问。**要知道，就算我们保持沉默，点头听对方说，也已经是很棒的回应了。**

深呼吸，放松下来再聊天，对方也会感受到我们的沉着，对我们留下好印象。

要点 | **聊天讲究的是你来我往，不可操之过急。**

33

领导把你叫去办公室聊工作，如何展现靠谱？

✓

表现出积极的态度，"我可以记个笔记吗？"

✗

嘴上说"这个真有意思"，实际却当耳旁风

我强调过多次，聊天是对话的你来我往，至于内容，其实聊什么都可以。

也正是因为如此，别人说话的时候，我们的态度就至关重要。好的态度，甚至可以让我们在人群之中脱颖而出。

"拿破仑，在法国大革命的前夜，曾经这么说过……"

"现在有个很有意思的生意，在委内瑞拉很流行，你听说过吗?"

当领导或客户想要给我们上一课的时候，我们回应"真的很有意思!"只是基本的捧场，优秀的职场人要表现出更积极的态度——"我特别感兴趣，我听得很认真哦"。

具体来说，我们可以问："我可以记个笔记吗?" 再顺势掏出笔记本或者手机。

之前说过，在商务聊天里，"老师和学生的角色扮演"是最理想的模式，面对想要记笔记的认真学生，没有老师会产生坏印象。对方想必会喜笑颜开："哎呀，倒也不是那么重要的事啦!"

这种时候，我们既可以真的开始记录，也可以只是做做样子。

聊什么，真的不重要，而向对方传达"您说的话真的很有意思，甚至有意思到我想用笔记下来了"这一层态度，才是关键。

想要牢牢记住，就立刻说给别人听

对于职场人士而言，上面这种记笔记的技巧是无敌的。而且，如果话题真的很有意思，记下来后也能成为我们自己的谈资。

不过，虽然我们记在了笔记上，能不能记在脑子里，也是个问题。毕竟，我们也不能总是回看笔记。

想把听来的事情内化成自己的东西，有个小技巧值得一用。

那就是立刻说给别人听。

"听""读""边听边写"，学习的方法多种多样。在众多方法之中，研究表明"先听，再说（教别人）"最能帮助大脑留下深刻记忆。

因此，我们从领导或客户那里听到了有趣的话题，立刻和同事复述一遍就好（前提是话题内容适合告诉别人）。

就算身边没有合适的听众，也可以发到社交平台上（前提是话题内容适合在网上公开）。用自己的语言诠释，写成文章，也是能帮助我们巩固记忆的好方法。

要点

用记笔记的态度传达我们的热情。

34

想和同事搞好关系，非得喝酒吗？

✓

通过吃午餐或喝茶，和对方搞好关系

✕

在酒桌上和对方搞好关系

153

"咱们下次一起喝一杯！"

"一定一定！"

嘴上这么说，到头来却一次都没约过。"薛定谔①的酒友"，你身边有几个？

在商务社交领域，"酒局"曾备受追捧。

"和领导或客户搞好关系，最好的方法就是一起喝酒。"即使是现在，这么想的人也不在少数。

事实上，想在酒桌上谈笑风生，也的确很容易。

借着酒劲儿，随便聊聊就聊得很开心，时间一眨眼就过去了。实话说，"酒桌上的交流"，并不要求我们有多会聊。

然而，很多时候，就算喝了一晚上酒，自我感觉好像和对方更亲近了，事实上人际关系却没能得到改善。

这是因为两个人都喝醉了，就会忘记说过的话，有时还会因为一点小事就争执起来。随着时代的发展，不喝酒的人、不喝酒的商务社交也多了起来。

想和对方搞好关系，比起喝酒，不如约对方喝茶、吃午餐。

喝茶、吃午餐的优点是便于预估时间。如果去喝酒，喝完

---

① 薛定谔，网络流行语，指一种事物"是又不是，存在又不存在"的状态。

一轮，也许还有第二轮……拖拖拉拉，不知道要喝到什么时候。

而喝茶和吃午餐，则不需要占用太长时间，"吃到这里也差不多了，今天就散场吧"，想结束的时候更是随时都可以结束。

聪明人，选择茶桌社交

和喝酒比起来，喝茶、吃午餐也更具有合理性，既不用担心不小心点太多酒，花太多钱，也不用害怕喝到太晚，赶不上地铁，更没有喝多了、把身体喝垮了的后顾之忧。

话说回来，喝茶、吃午餐也并非完美无缺，缺少了酒精的加持，我们究竟是会聊还是不会聊，就会立刻见分晓。

咱们这本书，也正是因为这种需求才更显得有价值。

在聊天的过程中，发现了彼此共同的爱好，也可以顺势邀请对方一起玩。

网球、高尔夫、攀岩、象棋……花上几个小时，远离工作和酒精，只是沉浸在共同的爱好之中，不知不觉就能和对方更亲近。

特别是高尔夫球，它最适合商务社交。

155

三四人一起悠闲地度过半天，谈天说地，好不惬意。商业谈判的"前哨战"，也经常在高尔夫球场"吹响号角"。

我认识一位老板，非常喜欢喝茶，他表示："喝酒太麻烦了，还会影响第二天的状态，要聚的话尽可能去茶馆喝茶吧。"

如今这个年代，想和别人搞好关系，不要轻易约人喝酒，可以先试着在不沾酒的情况下约人见面。

要点｜ **远离酒精的社交新时代，会聊天的人才能笑到最后。**

35

同事喊你一起出去玩，
你又不太想去，怎么回？

✓

当场答应，
『好啊！』

✗

先考虑一下，说
『我看看安排』

"下次咱们一起喝一杯，我介绍个朋友给你认识。"

"这个季节正是好时候，一起去打高尔夫吗？"

有时，领导或客户和我们聊得开心，就会顺势邀请我们去喝上一杯，或是去哪里玩。要么就是在工作告一段落后，问我们："收工后去庆祝一下怎么样？"

很多时候，你并不想去，是吧？就算要去，也想多了解一下再决定。"我先看看之后的安排。""还有谁会去吗？"像这样，不给出明确的答复，也是不会聊天的表现。

这种时候，应该立刻回答"好啊""我特别想去"。

先答应下来，如果实在没办法去，再说，"不好意思，刚才确认了一下安排，那个时间我已经有约了。""最近工作特别忙，实在是没有时间……"拒绝就好。

我们之前也说过，聊天里，重要的不是内容，而是我们的态度。

同样，面对这种介于公事和私事之间的邀约，如果想和对方搞好关系，展现出来的就不能是"去还是不去呢"这样犹豫不决的情绪，而是"我想去"这种积极的态度。

在事后的短信上多下功夫

很多时候，如果一开始答应下来，之后也会不好意思拒绝。

到了这种非去不可的时候，默默暗示自己"不用把它当成工作"，就能缓解烦闷的心情，大大方方拉着领导或同事结伴而行吧。

事后发给对方的短信才是重点。

"谢谢您的招待""感谢您的邀请"之类的，都是最基本的商务礼仪。除此之外，最好再来两句画龙点睛的话：

> **"地铁还是挺挤的，您已经平安到家了吗?"**
>
> **"回家路上冷吗?"**

像这样，进一步表达对对方的关心，就能给对方留下好印象，让对方觉得比起其他工作伙伴，我们更值得信赖。

和工作伙伴出去玩，不用当成工作。

事后多加一句话，就能展现自己的友好。

掌握好公私之间的平衡，就能轻松应对来自工作伙伴的邀约!

要点 | **先用"我想去"展现自己积极的态度，随后再拒绝也没关系。**

36

同事拉着你聊别人的
闲话，怎么办？

✓

聊艺人或其他名人
的八卦

✕

说熟人或同行的
闲话

160

聊天讲究的是对话的你来我往。我们最好顺着对方的话说。

但也有一个例外。

就是说别人的闲话。

　　"大家不是都说◎◎私生活很混乱吗?"
　　"■■工作一直做不好,今天还闯了大祸。"

有的人就是喜欢说别人的闲话。在聚会、跨行交流会,或是在职场,当对方说起了别人的闲话,我们该怎么做才好?

按照之前学习的技巧,这种时候,因为对方在向我们吐露心声,我们就该顺着对方的话,说"我也这么觉得……"

不过,这也仅限于闲话的主角,是我们不认识的、和我们没关系的人。比如,和对方一起聊艺人的八卦,就完全无伤大雅。

然而,万一闲话的主角是我们的熟人,我们就不能表示赞同。

一旦我们稀里糊涂地赞成了对方的话,我们说过的话就有可能被添油加醋,传到其他地方,甚至连我们自己也会成为流言蜚语的主角。

聊天的内容五花八门,唯有"熟人的闲话"是禁区。就

161

算对方提起了，我们也要尽可能保持距离，千万不要接茬。在这里，可以用到之前分享的如何与对方保持距离的技巧，远离聊天禁区。

不说消极的话

"不说消极的话"不是只限于说闲话的时候，在聊天时，应该尽可能不要说"真气人""真讨厌"这类消极的话。

能真实展现自己的喜怒哀乐固然很好，但如果是恶意的、消极的内容，也会影响到对方的心情。

"有个叫◎◎的艺人，一点也不好看！"

"啊，我还挺喜欢她的……"

"那家叫●●的店，是不是特别难吃？"

"我挺喜欢他们家的，总是去吃呢……"

和对方一起讲别人的坏话，的确很解压。不过，这仅限于对方和我们关系非常亲密，是我们推心置腹的朋友时。如果面对的是领导或客户之类的工作伙伴，我们就该有所保留，不能这么放肆。

会聊天的人，通常会选择平平无奇、无功无过的话题，让大家聊得开心。

　　"坏话""闲话"都是聊天的禁区，还是远离为妙。

要 点	会聊天的人，哪怕用平平无奇的话题，也能拉近和对方的关系。

后　记

"对人没兴趣"这种"病"

再次和大家打个招呼，大家好！我是本书的作者，五百田达成。

《会聊天的人都这么聊》这本书，你觉得怎么样？

现在的你，可以在不知不觉间意识到"聊天的时候，这么做就好了……"吗？

如果你的回答是肯定的，我就开心了。

没问题，你是真的越来越会聊天了。要相信自己！

接下来，我要换个话题。

这么问有些突然，你是否曾觉得自己"对人没兴趣"？

一方面觉得：

· 不会在意无关紧要的人。

· 不想去结交不认识的人。

· 为了自己已经拼尽了全力，无暇再去顾及别人。

　　·除了几个要好的朋友，不想和其他人搞好关系。

另一方面又觉得，

　　·自己不能就这么自暴自弃。讨厌过寂寞的人生。

　　·不再结交新朋友真的好吗？其实心中充满了不安。

　　·身边的朋友都是学生时代的交情。进入职场以来，再没交到过新朋友。

　　·如果今后还是对人提不起兴趣，可能工作、恋爱、结婚都会碰壁。

我很理解你的感受。

是真的可以切身理解。

我自己也只和一部分人来往。

对于那些"无关紧要"的人，我常常会敬而远之。面对第一次见面的人，或是身处需要社交的场合时，我也会非常紧张，聚会上陌生人太多，也会让我十分焦虑。

话虽如此，迈入社会之后，我还是交到了一些新朋友。

这些朋友，一开始也只是陌生人，只是"无关紧要"的人。我对他们没有兴趣，也不想和他们搞好关系。

那么，我是怎么和他们成为朋友的呢？

一切都是从聊天开始的。

大家出于一些原因聚在一起，简单聊了聊，感觉彼此合得来，于是就又多聊了一点。发现"啊，这个人还挺有意思的"，还可以再多聊一些。然后约着一起喝茶，一起出去玩，关系就自然而然变好了。

最后，我会心怀感激，"这个人，大概是我一生的朋友。认识他真开心。他非常值得信赖，凡事都可以找他商量，和他在一起真愉快。认识他真好！"

无论是在工作上，还是私下里，虽然能让我这么想的人不多，但也还是有几个。

在这层意义上，我不禁觉得会聊天实在太重要了！

因为不起眼的聊天，我才和陌生人慢慢建立了关系。

通过聊天，我和对方日渐亲近，也越来越了解对方。

这样一来，"陌生人"也就变成了"熟人"。我也开始对对方产生兴趣。后来，我们聊得越来越多，我对对方也越来越有兴趣。

到了这个年纪，我不禁痛感，无论是赢得他人信任，还是成为朋友，说到底，都要从零开始，一点一滴积累。

学习聊天，掌握聊天的能力，就能在不知不觉中对人产生兴趣。

人际交往的范围，也会变得更广、更深。

如此一来，也许偶然之间（倒也不会经常发生），我们就会遇到人生挚友或伴侣。

如果这本《会聊天的人都这么聊》能成为改变你人生的小小契机，于我而言，就是最大的褒奖。

在本书的最后，我想特别感谢东方出版社的产品经理郭伟玲，是她对这本书的青睐，促成了它的出版发行，并且对其在编辑过程中付出的辛勤努力，由衷表示感谢。

感谢你愿意读到这里。衷心希望你能快乐、充实地过好每一天。

五百田达成

2022 年 2 月